Werken mit dem

# TASCHENMESSER

Felix Immler

# Werken mit dem TASCHENMESSER

## Das kleine Handbuch für unterwegs

at VERLAG

VICTORINOX

Dieses Buch entstand in Zusammenarbeit mit Victorinox AG, Ibach-Schwyz (CH).

**Wichtiger Hinweis**
Es liegt in der Natur der Sache, dass das Werken mit Klinge, Säge und anderen Taschenmesserwerkzeugen geübt werden muss. Der Autor dieses Buches hat sich nach bestem Wissen und Gewissen bemüht, möglichst sichere Techniken vorzustellen und den Leser bzw. die Leserin auf Gefahren hinzuweisen. Autor, Verlag sowie Victorinox können weder Verantwortung noch Haftung für Schäden und Verletzungen übernehmen, die in direktem oder indirektem Zusammenhang mit dem Inhalt dieses Buches erhoben werden.

Bitte beachten Sie bei Aktivitäten in der freien Natur die jeweiligen Bestimmungen des Natur-, Pflanzen- und Tierschutzes sowie der geltenden Waffengesetzgebung.

Wir freuen uns, wenn Sie die offizielle Internetseite und den YouTube-Kanal zu diesem Buch besuchen:
www.feliximmler.ch
YouTube www.youtube.com/feliximmler

10. Auflage, 2026


Lektorat: Asta Machat, München
Grafik: Claudia Neuenschwander, Zürich
Fotos: Sebastian Schweizer, Daniel Ammann, Adrian und Bettina Immler
Bildaufbereitung: Vogt-Schild Druck, Derendingen

ISBN 978-3-03800-833-0

Für Herstellung und Einfuhr in die EU: AT Verlag AG, Bahnhofstraße 41, 5000 Aarau, Schweiz, info@at-verlag.ch, c/o Liberté Buchservice GmbH, Kaiserstraße 79, 60329 Frankfurt am Main, Deutschland, info@atverlag.de

www.at-verlag.ch

Der AT Verlag wird vom Bundesamt für Kultur für die Jahre 2026–2028 mit einem Strukturbeitrag unterstützt.

# INHALT

# VORWORT UND EINLEITUNG

Liebe Freunde des Schweizer Taschenmessers

Vor 130 Jahren hat mein Urgroßvater das erste Taschenmesser von Victorinox entwickelt. Damals konnte keiner ahnen, dass dies der Beginn einer langen und spannenden Geschichte werden sollte. Heute produziert und vertreibt Victorinox auch Küchenmesser, Uhren, Reisegepäck, Bekleidung und Parfüms – ganz unterschiedliche Produkte, die durch verschiedene Lebensbereiche begleiten.

Das »Swiss Army Knife« kennt man inzwischen auf der ganzen Welt. Wo auch immer ich hinkomme, treffe ich auf strahlende Menschen, die mir voller Stolz ihr persönliches Messer zeigen und mir ihre eigene Taschenmesser-Geschichte erzählen.

Ich bin dankbar für das Vertrauen dieser Menschen und für ihre Begeisterung. Deshalb möchte ich ihnen zu unserem 130. Geburtstag ebenfalls eine Freude machen: Das Buch »Werken mit dem Taschenmesser« ist seit 2012 ein großer Erfolg. Die vielen positiven Reaktionen waren oftmals mit dem Wunsch verbunden, ein kleineres, handlicheres Format davon zu entwickeln. Und hier ist es also: Ihr neuer, praktischer Begleiter für unterwegs.

Gemeinsam mit Felix Immler haben wir Schnitzprojekte aus dem ersten Buch ausgewählt und mit zwei neuen Varianten ergänzt. Ich wünsche Ihnen viel Freude, wenn Sie zusammen mit Kindern und Ihrem Victorinox-Taschenmesser im Wald, im Garten oder zuhause schöne, spaßige Objekte schnitzen. Herzlichen Dank für Ihr Vertrauen in Victorinox.

Carl Elsener

Werken und Schnitzen mit dem Taschenmesser ist ein wunderbares Hobby: Es kann jeden Spaziergang durch die Natur und den Wald zu einem kleinen Abenteuer werden lassen. Und genau dafür gibt es nun diese kleine Version des Originals »Werken mit dem Taschenmesser«: eine robuste Kompaktausgabe zum Mitnehmen für Eltern und Großeltern, für Leiter von Kinder- und Jugendgruppen und für alle Naturliebhaber. Das Format passt in jede Tasche und wird so zum hilfreichen Begleiter.

Die beschriebenen 15 Schnitzprojekte können jedem gelingen. Neben wichtigen Techniken im Umgang mit dem Taschenmesser beinhaltet diese Ausgabe auch Themen wie die Pflege des Messers oder Sicherheitsregeln.

Auf der Internetseite zum Buch »Werken mit dem Taschenmesser« (www.feliximmler.ch) erhalten Sie ergänzende Informationen wie etwa den Taschenmesser-Song, einen Comic mit Sicherheitsregeln zum Ausdrucken oder Arbeitsblätter. Videos mit Anschauungsunterricht zu weiteren Natur- und Schnitzprojekten sind auf dem YouTube -Kanal »feliximmler« zu finden.

Viel Spaß beim gemeinsamen Erleben und Schnitzen in unserer schönen Natur.

Felix Immler

Vintage

# FASZINATION TASCHENMESSER

Taschenmesser üben auf Kinder eine große Anziehungskraft aus. Mir selbst ging es als Kind genauso, und die Begeisterung hat bis heute nicht nachgelassen. Das Messer ist seit Tausenden von Jahren das wichtigste Werkzeug, um einem Stück Holz eine Funktion zu verleihen. Schneidewerkzeuge aus Stein und Knochen waren dem Menschen schon in der Steinzeit nützlich: bei der Zubereitung von Nahrung, bei der Herstellung von Waffen und Geräten für die Jagd und für allerlei andere Dinge des täglichen Lebens. Wenn es darum geht, in der Natur zu überleben, ist ein Messer unverzichtbar.

Darüber hinaus ist es gerade in der heutigen Zeit wichtig, den Kindern die Möglichkeit zu geben, mit eigenen Händen Gegenstände zu erschaffen.

Wenn man Kinder beim Arbeiten mit einem Taschenmesser beaufsichtigt, ist es sinnvoll, einige Sicherheitsregeln zu vereinbaren und einen Schnitzplatz festzulegen, an dem gearbeitet wird. Die betreuende Person sollte korrigierend eingreifen, wenn Werkzeuge in ungeeigneter Weise eingesetzt werden. Doch in der Praxis ist es besonders im Wald schwierig, alle Tätigkeiten der Kinder gleichzeitig im Auge zu behalten.

Trotz der Angst vor Verletzungen ist es wichtig, dass die Kinder Erfahrungen im Umgang mit Messern und anderen Werkzeugen sammeln können. Das Arbeiten mit dem Taschenmesser fördert wichtige Kompetenzen, die der Entwicklung des Kindes zugutekommen (Konzentrationsfähigkeit und Ausdauer, Feinmotorik und Koordination, die Wahrnehmung für die Beschaffenheit des Werkstoffes, Formgefühl, Kreativität). Voraussetzung dafür ist, dass das Kind die Grundregeln im Umgang mit dem Taschenmesser kennt und befolgt. Dennoch lassen sich bei aller Regelung und Routine Verletzungen nicht immer vermeiden. Wer mit dem Messer arbeitet, schneidet sich irgendwann. Genauso wie jedes Kind, das Fahrrad fahren lernt, einmal stürzt. Deshalb gehört ein kleines Erste-Hilfe-Set als Standardausrüstung in jeden Rucksack und sollte immer in Griffnähe sein.

## Mein erstes Taschenmesser

In welchem Alter soll ein Kind sein erstes Messer bekommen? Skandinavische Familien kennen heute noch den Brauch, ihren Kindern zur Einschulung ein erstes eigenes Messer zu schenken. Nicht als Spielzeug, sondern als ernst zu nehmendes, nützliches Werkzeug.

Im Allgemeinen sind Kinder ab fünf Jahren je nach Geschick und Konzentrationsfähigkeit in der Lage, verantwortungsvoll mit einem Messer umzugehen. Entscheidend sind eine gute Einführung und die Motivation des Kindes. Wenn es von sich aus schnitzen möchte, ist es auch bereit,

den korrekten Umgang mit diesem Werkzeug zu erlernen. Besonders bei kleineren, unerfahrenen Kindern ist die Aufsicht durch eine erwachsene Person unbedingt zu empfehlen. Genießen Sie diese anregende Zeit mit dem Kind in der Natur und stellen Sie gemeinsam ein tolles Objekt her.

»My First Victorinox« ist ein Taschenmesser speziell für die kleinen Einsteiger. Durch die abgerundete Klingenspitze ist die Gefahr von Stichverletzungen gering. Aber Vorsicht: Der Hauptbereich der Schneide ist genauso scharf wie bei allen anderen Victorinox-Messern!

So sind diese Taschenmesser auch zum Schnitzen von Holz geeignet.

Die Werkzeuge, die man für das Werken mit Holz am häufigsten braucht, sind:

- große Klinge
- kleine Klinge
- Holzsäge
- Ahle

Ein Taschenmesser, das diese vier Werkzeuge enthält, genügt für den Anfang vollauf. Für die im praktischen Teil dieses Buches vorgestellten Projekte kommen ausschließlich diese vier Werkzeuge zum Einsatz.

# TECHNISCHE GRUNDLAGEN

# FACHGERECHTE ANWENDUNG DES TASCHENMESSERS

## Auf- und Einklappen der Werkzeuge

**Aufklappen** Es gibt viele Möglichkeiten, eine Taschenmesserklinge auf- und einzuklappen. Ein geübter Taschenmesserbenutzer tut dies höchstwahrscheinlich automatisch, ohne sich des Bewegungsablaufs bewusst zu sein. Um Verletzungen vorzubeugen, empfiehlt es sich, Kinder, die das Schnitzen von Grund auf lernen, mit folgenden Auf- und Einklappmethoden vertraut zu machen.

Die Hand, die das Messer hält, fixiert es zwischen den vier Fingerkuppen auf der einen Seite und dem Daumen und dem Handballen auf der anderen Seite 1. Und zwar so herum, dass die Klinge in geöffnetem Zustand vom Körper weg gerichtet ist. Der Nagelhieb gibt dem Daumennagel den nötigen Halt, um die Klinge in einem Halbkreis herauszuziehen 2, 3. Das Messer ist dann vollständig geöffnet, wenn die Klinge mit einem hör- und spürbaren Klicken in der offenen Position einrastet 4.

Wenn das Aufklappen des Messers schwierig ist, kann zur Schonung der Fingernägel auch eine kleine Münze oder ein anderes flaches Metallstück als Aufklapphilfe eingesetzt werden.

**Einklappen** Die Hand, die das Messer hält, fixiert es wie beim Aufklappen (siehe 1, Seite 14). Mit der anderen Hand wird der Klingenrücken zwischen Daumen und Zeigefinger festgehalten und im Halbkreis zurück ins Gehäuse geschoben. Durch das Festhalten des Klingenrückens bis zum vollständigen Einklappen hat das Kind die Klingenbewegung unter Kontrolle, klemmt sich weder die Haut am Handballen noch einen Finger ein und sieht jederzeit, wo die Klingenspitze ist.

Schwer einklappbare Messer können über einer Kante (z. B. Kante eines Baumstrunks) eingeklappt werden 5.

## Korrekte Sitzhaltung beim Schnitzen

Wer schnitzt, der sitzt! Diese Grundregel sollte beim Schnitzen mit Kindern unbedingt beachtet werden (siehe auch Sicherheitsregeln, Seite 28, 29). Auch Erwachsene tun aufgrund ihrer Vorbildfunktion und zur eigenen Sicherheit gut daran, sich beim Schnitzen auf einer soliden Unterlage hinzusetzen und die Füße etwas mehr als schulterbreit auf dem Boden abzusetzen. Geschnitzt wird vor den gespreizten Beinen 1 oder seitlich neben den Beinen 2. Bei seitlichem Arbeiten muss allerdings

genügend Abstand zur nächsten Person vorhanden sein. Das Werkstück hält man im hinteren Bereich fest, der Unterarm der ruhenden Hand wird oberhalb des Knies abgestützt. Das verleiht beim Halten des Werkstücks mehr Stabilität. Die Hand, die das Holz festhält, befindet sich immer hinter dem Messer – auf gar keinen Fall davor. Die Schnitzbewegung erfolgt gegen den Boden. Der Auslauf der Messerbewegung muss ins Leere gehen. Wichtig: Nie gegen die Oberschenkel im Bereich von Schoß und Leisten schnitzen! Der Schnitzbereich liegt immer vor den Knien. Wenn keine Sitzgelegenheit vorhanden ist, ist es auch möglich, kniend zu schnitzen 3, 4.

## Der Faustgriff

Damit die Kraft vom Arm optimal auf die Schneidekante übertragen wird, muss das Messer fest in der Hand liegen. Viele Kinder nehmen das Messer zu zaghaft in die Hand und halten es nur lose in der Faust. Um effizient und sicher schnitzen zu können, ist ein kräftiges, aber nicht verkrampftes Anpacken des Griffes notwendig. Man sollte das Messer nicht zu weit hinten am Griff fassen, denn dadurch verliert man an Schnittkraft. Wenn nur noch ein kleines Stück der Griffschalen aus der Faust herausschaut, halten Sie das Messer korrekt 1.

# SCHNITZTECHNIKEN MIT DER GROSSEN KLINGE

## Der Grobschnitt

Der Grobschnitt ist eine oft angewendete grundlegende Schnitztechnik, mit der ein Anfänger beginnen sollte. Hierbei führt man das Messer mit Kraft gerade von sich weg durch die abzutragende Stelle, bis das Messer wieder aus dem Werkstück austritt. Der Grobschnitt eignet sich für die grobe Formgebung, oder wenn viel Material abzutragen ist. Die lange Schneidekante der großen Klinge kann große Späne produzieren. Für feinere Arbeitsschritte eignet sich der Grobschnitt nicht, weil sich die Schnittbewegung nicht gut dosieren oder punktgenau stoppen lässt.

Effizient ist ein Schnitt dann, wenn sich die Schneidekante während der Vorwärtsbewegung auch seitwärts vom Talon bis zur Klingenspitze bewegt (ziehender Schnitt, siehe Kasten auf Seite 20).

Halten Sie das Messer im Faustgriff. Setzen Sie die Klinge flach und so nahe wie möglich am Messergriff auf

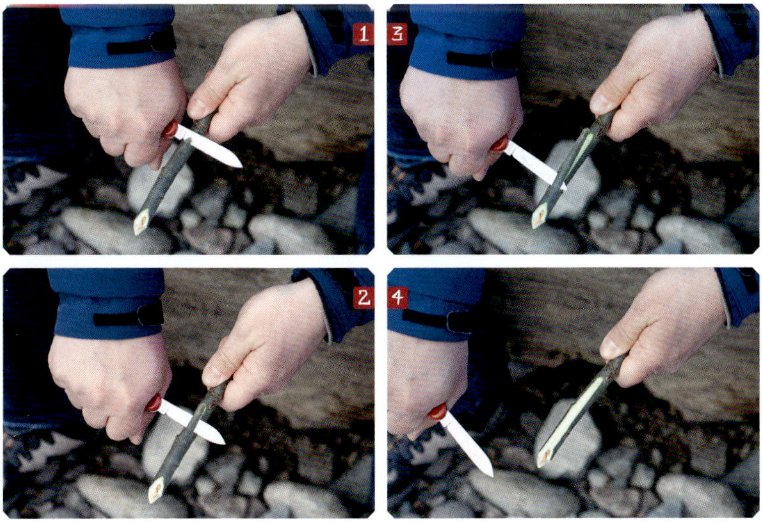

das Werkstück 1. Während der Stoßbewegung führen Sie die Klinge so durch das Werkstück, dass sie sich im Lauf der Bewegung vom Griff bis zur Spitze verschiebt (Seite 19 2, 3.) Je steiler Sie das Messer auf dem Werkstück ansetzen, umso tiefer geht der Schnitt ins Holz, was natürlich auch mehr Kraftaufwand bedeutet.

## ÜBUNG

Eine klassische Anwendung des Grobschnitts ist das Abschälen von Baumrinde oder das Anspitzen eines Astendes. Als erste Schnitzübung für Anfänger bietet sich das Schälen der Rinde eines frischen Haselastes an.

## ZIEHENDER SCHNITT

Haben Sie bei einem Picknick schon einmal versucht, ein Brötchen mit dem Taschenmesser zu teilen, indem Sie einfach die Klinge durch die Mitte des Brötchens gedrückt haben? Wahrscheinlich nicht. Und wenn doch, dann hatten Sie danach einen zusammengedrückten Brotfladen vor sich 1. Die meisten Menschen bewegen die Messerklinge beim Schneiden eines Brotes intuitiv vor und zurück. So wird das Brötchen sauber aufgeschnitten, ohne gequetscht zu werden 2.

Diese zusätzlich zum »drückenden Schnitt« ausgeführte Zieh- und Stoßbewegung ergibt den »ziehenden Schnitt«. Dabei wird der effektive Schneidewinkel verkleinert, sodass die Schneide leichter in das Schnittgut eindringen kann. Dieses Prinzip ist auch auf das Schnitzen mit Holz übertragbar.

Effizient ist der Schnitt dann, wenn sich die Schneidekante während der Druckbewegung auch seitwärts vom Klingenansatz bis zur Klingenspitze bewegt.

1

2

## Spalten mit der großen Klinge

Für manche Schnitzprojekte muss man zuerst ein Stück Ast aufspalten. Um Äste aufzuspalten, eignen sich größere Messer mit einer festsitzenden Klinge besser als ein Taschenmesser. Die Offiziersmesser der 91-mm-Modelle haben eine Klingenlänge von circa 60 mm. Damit lässt sich Holz von einem Durchmesser bis 2,5 cm gut spalten. Stellen Sie den abgelängten Ast auf eine feste Unterlage (z. B. auf einen Baumstrunk) und setzen Sie die Klinge genau im Astmittelpunkt (Mark) an 1.

Schlagen Sie vorsichtig mit einem Schlagstock auf den Klingenrücken, bis das Messer im Holz verschwindet. Die Schläge treffen den Klingenrücken genau über dem zu spaltenden Holz. Wenn der Messerrücken im Holz verschwunden ist, treiben Sie das Messer mit vorsichtigen Schlägen auf den Klingenansatz weiter vor- an 2. Gehen Sie dabei vorsichtig vor, damit die Griffschalen nicht beschädigt werden. Im Idealfall reißt das Holz fortwährend ein 3. Durch gefühlvolles Verdrehen des Messers kann der Spaltvorgang bei dünnen Ästen weitergeführt werden. Übertreiben Sie es jedoch nicht mit dem Krafteinsatz – weder beim Schlagen noch beim Abdrehen der Klinge. Sonst kann das Messer beträchtlichen Schaden nehmen.

**Tipp** Für erste Spaltversuche sollte das Werkstück einen Durchmesser von 2 cm und eine Länge von 20 cm nicht überschreiten. Wählen Sie ein gut spaltbares, nicht zu hartes Holz wie Hasel, Birke, Esche oder Ahorn.

# SCHNITZTECHNIKEN MIT DER KLEINEN KLINGE

Die kleine Klinge wird oftmals unterschätzt. Viele Leute benutzen sie erst dann, wenn die große Klinge nicht mehr scharf genug ist. Die Vorzüge der kleinen Klinge zeigen sich bei den Feinarbeiten. Dadurch, dass bei der kleinen Klinge die Endzone der Schneide näher am Griff liegt, ist die Kraftübertragung günstiger als bei der großen Klinge. Aus demselben Grund ist das Messer auch präziser zu führen. Die kleine Klinge ist zudem wendiger. Eine kürzere Klinge ist sicherer, da ein kürzeres Stück Schneidekante kontrolliert werden muss. Aus diesen Gründen sind auch klassische Schnitzmesser mit einer feststehenden Klinge kurz.

## Der Feinschnitt

Beim Feinschnitt hält man das Werkstück wenige Zentimeter hinter der Bearbeitungsstelle. Der Daumen der Hand, die das Werkstück hält, drückt auf den Klingenrücken 1. Das Messer dringt ohne Seitwärtsbewegung ein (hier kein ziehender Schnitt!). Diese Technik ermöglicht ein sicheres und exaktes Führen der Klinge. Auch kann der Schnitt punktgenau gestoppt werden. Der Feinschnitt eignet sich, um eine Nut oder eine Kerbe zu schneiden oder um ein Muster in eine Rinde zu schnitzen. Um bei einer Kerbe von der anderen Seite den Span zu lösen, sollte grundsätzlich

1

2

ÜBUNG

das Werkstück gewendet werden. Nur sehr geübte Schnitzer schnitzen gegen die Hand. Achten Sie auch beim Feinschnitt auf korrekte Sitzhaltung 2.

## Schnitzen eines Rindenmusters

Um eine ringförmige Verzierung zu schnitzen, schneidet man zwei umlaufende Begrenzungsschnitte im gewünschten Abstand in die Rinde bis zum Kernholz ein 3. Die Einschnitte verhindern, dass man beim Lösen der Rinde über die Begrenzung hinaus schnitzt. Nun setzt man die Klinge an der näher liegenden Rille an und löst die Rinde bis zur vorderen Rille 4, 5.

3

4

5

# SÄGEN MIT DER HOLZSÄGE

Die Taschenmessersäge funktioniert sowohl bei der Stoß- als auch bei der Zugbewegung, es empfiehlt sich aber, den Akzent auf die Zugbewegung zu legen. Arbeiten Sie ohne übermäßigen Druck, lassen Sie die scharf geschliffenen Zähne für Sie arbeiten. Durch die grobe Zahnung ist die Säge für Nass- und Frischholz geeignet.

Sägen Sie immer mit aufgelegtem oder eingeklemmtem Werkstück, niemals in der Luft! Verletzungen mit dem Sägeblatt sind oft besonders schmerzhaft und heilen nur langsam, weil durch die vielen Zacken an der Säge die Haut nicht sauber aufgeschnitten, sondern aufgerissen wird (siehe auch »Verletzungsgefahren und Wundbehandlung«, Seite 38). Wenn Sie das Werkstück von Hand fixieren, kann ein Gartenhandschuh guten Schutz bieten.

## Fixieren des Werkstückes

**Hilfsmittel zur Fixierung des Werkstücks** Um Unfällen beim Sägen mit dem Taschenmesser vorzubeugen, sollte das Werkstück so fixiert sein, dass es sich beim Sägen nicht bewegt. Am sichersten ist diese Fixierung, wenn Sie das Werkstück in einen Schraubstock einspannen oder das Werkstück mit einer Schraubzwinge an einer stabilen Unterlage befestigen. Ein Sägebock ist ebenfalls ein sicheres Hilfsmittel.

## Fixierung ohne technische Hilfsmittel

Pressen Sie das Werkstück immer gegen eine feste Unterlage. Das kann ein großer, flacher Stein sein, eine kleine Mauer oder ein Baumstrunk. Wenn Sie das Werkstück gegen einen Absatz oder in eine kleine Vertiefung drücken, ist es auch gegen horizontales Verrutschen gesichert **1**. Setzen Sie den Sägeschnitt möglichst nah an der Unterlage an, so stellen Sie sicher, dass das Werkstück beim Sägen nicht mitschwingt. Wenn Sie das Werkstück mit dem Fuß fixieren, können Sie mit Ihrem Körpergewicht einen hohen Pressdruck aufbauen, und es besteht keine Gefahr, dass Sie sich in die Haltehand schneiden **2**. Der Fuß ist zudem durch den Schuh geschützt.

# STECHEN, BOHREN, NÄHEN MIT DER AHLE

Die Ahle ist sehr vielseitig einsetzbar. Man kann mit ihr unter anderem bohren, stechen, auskratzen, Verstopfungen beheben, reinigen, vorbohren und sogar nähen. Ich habe die Ahle schon für sehr unterschiedliche Werkstoffe verwendet, so etwa für Leder, Karton, Kunststoff, Speckstein, Aluminium und natürlich Holz.

Die Ahle von Victorinox hat eine Schneidekante, die im Uhrzeigersinn arbeitet. Sie schneidet sich ins Material, arbeitet also spanabhebend.

1

Die ausgeklappte Ahle hält man zwischen Daumen und Zeigefinger fest 1. Durch unkontrolliertes Einklappen der Ahle kann man sich verletzen. Achten Sie beim Austritt der Ahlenspitze darauf, dass Sie sich nicht stechen. Darum ist auch beim Arbeiten mit der Ahle, genau wie beim Schnitzen mit den Klingen, höchste Konzentration erforderlich. Ein Loch wird gebohrt indem man in der Bohrrichtung etwas Pressdruck gibt und die Hand bzw. die Ahle abdreht 2. Wenn Sie das Werkstück in der Hand halten, können Sie es zusätzlich in der Gegenrichtung drehen. Lösen Sie den Pressdruck, drehen Sie die Hand in die Ausgangsposition zurück und wiederholen Sie diese Bohrbewegung, bis das Loch fertig ist.

2

# SICHERHEIT BEIM SCHNITZEN

Wer erste Erfahrungen mit dem Schnitzen macht, wird sich bei aller Vorsicht – und all unseren Sicherheitsregeln zum Trotz – mit hoher Wahrscheinlichkeit einmal schneiden. Das lässt sich wohl kaum vermeiden. Der Einstieg in die Schnitzarbeit mit dem Taschenmesser soll jedoch nicht von Unsicherheit begleitet werden. Eine ängstliche Grundhaltung beeinflusst das Lernumfeld negativ und nimmt sowohl dem Kind als auch der erwachsenen Person die nötige Ruhe, die ein sicheres Arbeiten erfordert. Besprechen Sie die Sicherheitsregeln mit Ihrem Kind und übertragen Sie ihm mit der Übergabe des Messers auch ein Stück Verantwortung. Schaffen Sie eine positive Lernatmosphäre und lassen Sie sich von den Fortschritten überraschen, die Ihr Kind machen wird.

# DIE NEUN SICHERHEITSREGELN

Für das Schnitzen mit Kindern gibt es klare Regeln. Als Hilfestellung und als nützliches Werkzeug, um mit den Kindern die Regeln auf lustvolle Art zu erarbeiten, finden Sie auf der Internetseite www.feliximmler.ch einen Comic, in dem die Regeln kindgerecht illustriert und in eine lustige Kurzgeschichte verpackt sind. Sie können den Comic kostenlos herunterladen und beliebig oft ausdrucken.
Um zu verstehen, welche Überlegungen hinter den einzelnen Regeln stecken, ist jeder der neun Merksätze mit einer Erläuterung versehen.

**1 Ich schnitze immer mit einer scharfen Klinge.**

Scharfe Messer können präziser geführt werden, sie greifen besser, und es kann mit weniger Kraftaufwand gearbeitet werden. Stumpfe Messer bedeuten eine große Gefahr, da Kraft aufgewendet werden muss und die Klinge leicht abrutscht. Damit die Schneide scharf bleibt, darf man mit ihr nicht auf Stein, Metall oder Glas schneiden, denn das macht jede Klinge schnell stumpf. Die Klinge des Taschenmessers darf nie in den Boden gesteckt werden.

**2 Wer schnitzt, der sitzt.**

Schnitzen braucht ungeteilte Aufmerksamkeit. Sobald man aufsteht, wird das Messer eingeklappt. Denn wenn man beim Gehen ausrutscht oder stolpert, hat man die Klinge sonst nicht mehr unter Kontrolle und kann sich üble Stich- und Schnittverletzungen zufügen.

**3 Ich halte ausreichend Abstand zu anderen Personen.**

Um zu prüfen, ob man genügend Abstand zur nächsten Person hat, kann man die Arme ausstrecken und sich einmal um sich selbst drehen. Wenn man niemanden berührt, hat man genug Platz. Bei größeren Kindergruppen empfiehlt es sich, für die schnitzenden Kinder einen abgegrenzten, geschützten Arbeitsbereich zu definieren. Diejenigen die nicht schnitzen, sollen diese Grenze nicht übertreten.

**4 Ich führe die Messerklinge beim Schnitzen immer vom Körper und von der Hand weg, die das Holz hält.**

Man schneidet nie in Richtung Hand oder Körper, bevor man nicht sehr geschickt ist im Umgang mit dem Messer.

**5 Es ist immer nur ein Werkzeug ausgeklappt.**

Werkzeuge, die gerade nicht benutzt werden, werden eingeklappt. Denn an diesen anderen Werkzeugen könnte man sich verletzen.

**6 Ich verstaue mein Messer immer, wenn ich es nicht brauche.**

Eine offene, herumliegende Messerklinge ist gefährlich, weil man sich selbst oder eine andere Person sich daran verletzen kann.

**7 Ich ritze oder säge keine Bäume und andere Pflanzen an.**

Die Rinde des Baumes ist nicht dazu da, dass wir ein Herz oder einen Namen hineinritzen. Die Baumrinde dient, ähnlich der menschlichen Haut, dem Baum als Schutz. Über die Bastschicht, die unter der Rinde liegt, werden zudem die vom Baum benötigten Nährstoffe transportiert.

**8 Ich übergebe das Taschenmesser immer mit eingeklappter Klinge.**

Pfadfinder kennen zwar eine Technik für das gefahrenlose Übergeben eines Messers mit einer feststehenden Klinge. Taschenmesser sollten aber immer mit eingeklappter Klinge übergeben werden.

**9 Das Messer ist ein Werkzeug und keine Waffe.**

Man bedroht oder verletzt niemals einen anderen Menschen oder ein Tier mit dem Taschenmesser. Das Taschenmesser ist auch kein Wurfmesser.

# DAS RICHTIGE HOLZ

Für die in diesem Buch beschriebenen Projekte eignet sich vorwiegend Grünholz, das heißt frische, nicht getrocknete Äste und Zweige, die im Wald oder an Hecken zu finden sind. Meiden Sie grundsätzlich Äste, die so trocken oder verrottet sind, dass sie beim Biegen leicht brechen. Als Faustregel gilt: Je frischer das Holz geschnitten ist, umso leichter lässt es sich bearbeiten. Nicht jede Holzart eignet sich gleich gut zum Schnitzen und Werken mit dem Taschenmesser. Experimentieren Sie aber gerne selbst mit dem Material, das Ihnen jeweils zur Verfügung steht. Optimale Schnitztauglichkeit ist nicht immer das einzige Kriterium für die Wahl einer bestimmten Holzart. Manchmal sind Form, Gewicht, Lösbarkeit der Rinde oder andere Eigenschaften des Holzes wichtiger.

## Welche Hölzer eignen sich?

Die folgenden Tipps sollen Ihnen helfen, Schnitzhölzer zu finden, die in unseren Wäldern häufig vorkommen und sich fürs Werken mit dem Taschenmesser eignen. Natürlich ist es dabei von Vorteil, wenn Sie die häufigsten Laubbäume kennen. Bei manchen Projekten eignet sich ein weiches, leichtes Holz, bei anderen Projekten empfiehlt sich schweres, hartes Holz. Buche und Eiche sind Harthölzer, die schwer zu schnitzen sind. Weiche Holzarten wie Pappel oder Weide fransen hingegen leicht aus.

**Besonders gut geeignet sind folgende Baumarten** Birke, Hasel, Ahorn, Esche, Holunder, Linde und Erle. Ahorn und Holunder werden sehr hart, wenn sie trocken sind.

1

2

Buche, Obsthölzer, Eiche, Fichte, Weide, Hartriegel, Kornelkirsche und Buchsbaum können auch zum Einsatz kommen. (Hartriegel, Kornelkirsche und Buchsbaum sind extrem harte Hölzer. Man sollte sie nur für Objekte verwenden, die sehr stabil sein müssen.)

**Welche Hölzer sind giftig?** Eibe, Robinie (Falsche Akazie), Thuja, Kirschlorbeer und andere Zier-Prunus-Arten sowie Goldregen, Pfaffenhütchen und Seidelbast sind giftig oder haben giftige Bestandteile. Toxikologische Beratungsstellen raten deshalb vom Schnitzen dieser Hölzer ab. Eiche und Walnuss eignen sich aufgrund der enthaltenen bitteren Gerbsäure nicht für Koch- oder Essbesteck.

## Wo geeignetes Holz zu finden ist

Es ist verboten, in Wäldern und öffentlichen Anlagen Äste von Bäumen abzusägen. Es dürfte aber trotzdem kein Problem sein, in der Natur gutes Schnitzmaterial zu finden. Im Wald liegen viele abgebrochene Äste oder umgestürzte Bäume, die Sie verwenden dürfen. Oft stößt man auch bei Waldspaziergängen auf abgesägte Äste von Forstarbeiten, die auf dem Waldboden liegen geblieben sind 1, oder auf bereits zu einem Haufen zusammengetragene Schnittabfälle 2. Fragen Sie den Förster oder den Grundstückseigentümer.

3

Manchmal kann man auf Waldspaziergängen den Strunk eines abgebrochenen Baumstamms entdecken 3. Die Splitter und Bruchstücke, die oft meterlang in den Himmel ragen, können für Brettchen, einen Bootsrumpf oder für andere Projekte herhalten.

Anfänger sollten ein gut bearbeitbares, nicht zu hartes Holz verwenden, zum Beispiel Hasel, Ahorn, Linde, Erle, Kastanie oder Birke. Die Äste des Haselstrauchs eignen sich gut für erste Schnitzübungen. Sie sind leicht zu finden, das Holz ist elastisch und nicht zu hart. Auch löst sich die Rinde leicht vom Holz, sodass Kinder sie einfach entfernen oder schöne Muster hineinschneiden können.

# DAMIT DAS MESSER NICHT VERLOREN GEHT

Ein Taschenmesser ist schnell verwechselt, verlegt oder verloren. In der freien Natur, auf dem laubbedeckten Waldboden, im Schnee oder im hohen Gras kann es schwierig werden, ein Messer wiederzufinden. Im Fachhandel sind verschiedene Accessoires erhältlich, die einem Verlust des Taschenmessers vorbeugen können, zum Beispiel Umhängebänder 1, Kordeln und Panzerketten 2 in diversen Ausführungen.

Für eine uneingeschränkte Bewegungsfreiheit beim Schnitzen ist es empfehlenswert, das Messer aus dem Karabiner auszuhängen und nach Gebrauch wieder einzuhängen.

Alternativ zu Kette und Band gibt es Gürteletuis aus Nylon oder Leder 3. Diese Etuis sind etwas teurer, aber ideal, um auch größere Messer bequem zu tragen und zuhause geschützt aufzubewahren.

Zur eindeutigen Identifizierung des Messers kann der Name der Besitzerin oder des Besitzers in die Klinge oder Kunststoffschale eingraviert werden 4. Einige Taschenmesserverkäufer bieten diesen Service kostenlos an. Die Kunststoffschale des Taschenmessers kann alternativ auch mit einem wasserfesten Filzschreiber beschriftet werden.

1

2

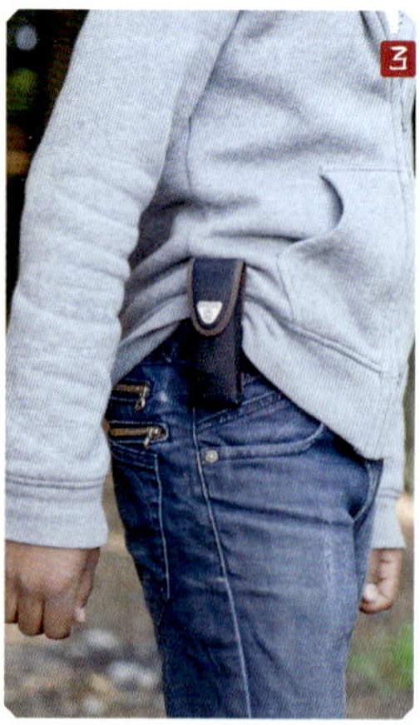
3

Wenn man mit jüngeren Kindern im Wald unterwegs ist, ist es sinnvoll, dass die betreuende Person die Messer aufbewahrt. Kinder, die schnitzen wollen, holen sich dann ihr Messer beim Betreuer ab. So behält man die Kontrolle und kann das Kind bei der Abgabe des Messers fragen, was und wo es schnitzen will. Wenn das Kind fertig ist oder eine Pause macht, sollte es das Messer dem Betreuer zur Aufbewahrung zurückgeben. So gehen weniger Messer verloren.

1

# DIE PFLEGE DES TASCHENMESSERS

## Reinigen des Messers

Ihr Taschenmesser wird Ihnen länger und besser seinen Dienst erweisen, wenn Sie ihm eine minimale Pflege zukommen lassen.

Beim Schneiden oder Schälen von Früchten kann Fruchtsaft in den Messerkörper fließen, was die Werkzeuge nach dem Eintrocknen verklebt. Auch harzreiches Holz oder zuckerhaltige Lebensmittel können die Werkzeuge verkleben oder verschmutzen. Tauchen Sie zur Reinigung das Messer einfach in warmes Wasser und klappen Sie die Klingen mehrmals auf und zu **1**. Sie werden merken, dass sich das Messer bald wieder mühelos öffnen und schließen lässt.

Am besten geben Sie nach dem Reinigen und Trocknen einen Tropfen Öl auf die Gleitflächen.

## Schärfen der Werkzeuge

Jedes Schneidewerkzeug muss irgendwann einmal nachgeschärft werden. Wir beschäftigen uns im Folgenden mit dem Schärfen der Messerklingen. Selbstverständlich können bei Bedarf auch die übrigen Werkzeuge eines Taschenmessers wie Ahle, Büchsenöffner, Holzmeißel oder Schere nachgeschärft werden. Das Nachschärfen dieser Werkzeuge erfordert jedoch Schleiferfahrung und ist in der Regel nicht nötig.

Beim Schnitzen von Holz mit einer stumpfen Messerklinge werden die Holzfasern stark gestaucht und brechen, bevor sie geschnitten

1

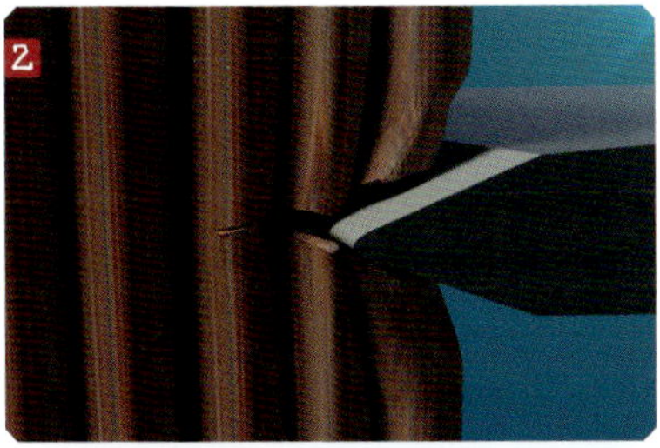

2

3

werden 2. Die Schnittfläche im Holz wird rau. Das Arbeiten mit einer stumpfen Klinge erfordert einen hohen Kraftaufwand, und das Messer ist schlecht zu führen.

Mit einer sauber geschliffenen Klinge werden die Holzfasern nur gering gestaucht 3. Das Schnitzen mit einer scharfen Klinge erfordert spürbar weniger Kraft, auch ist das Messer besser zu führen. Die Schnittfläche im Holz ist zudem sauber.

**Wie erkenne ich eine stumpfe Schneide?** In erster Linie schneidet ein stumpfes Messer einfach nicht mehr gut. Oft merkt man das erst im direkten Vergleich zu einem scharfen Messer. Um zu testen, ob ein Messer stumpf ist, streichen viele Leute mit der Daumenkuppe quer zur Klinge über die Schneide. Dieser Test ist nicht aussagekräftig, da ein abstehender Grat oder eine raue Schneidekante das subjektive Gefühl einer scharfen Klinge vermittelt. Der Lichttest hingegen ist eine optische Prüfmethode, die eine zuverlässige Aussage über den Zustand der Schneide zulässt.

**Lichttest** Wenn man eine stumpfe Schneide in eine starke Lichtquelle hält, sieht man einen hellen Streifen auf der Schneidekante 4 (unteres Messer). Das Licht wird auf der Fläche der abgerundeten Schneidekante reflektiert. Hält man dagegen eine scharfe Klinge ins Licht, wird kein Licht reflektiert. Die Schneidekante weist keine Fläche auf, an der sich das Licht reflektieren könnte 4 (oberes Messer). Darum ist an einer scharfen Schneide kein heller Streifen sichtbar.

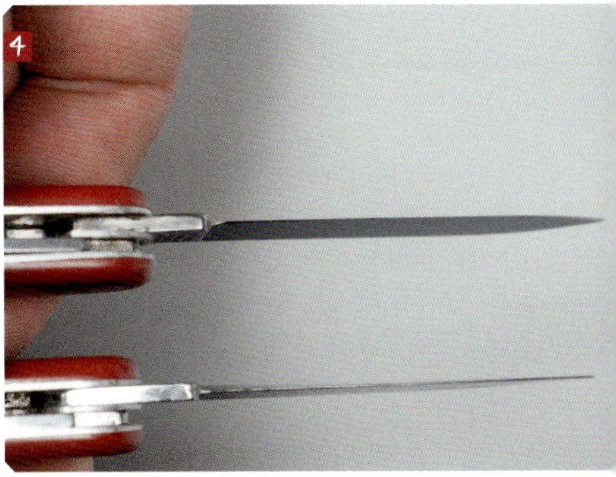

4

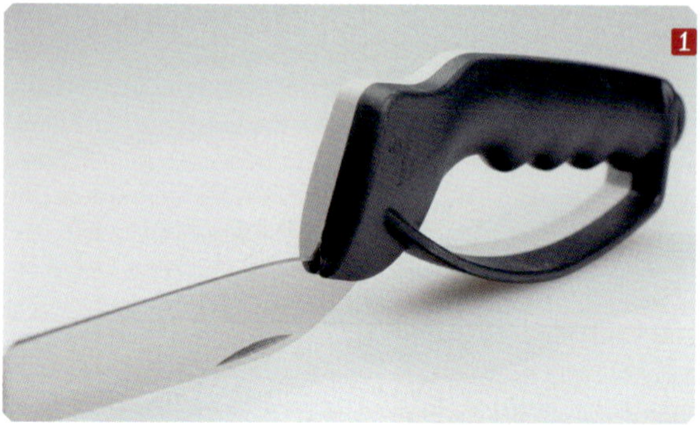

1

2

**Mini-Sharpy** Mit dem Mini-Sharpy 1 können auch Anfänger im Messerschärfen ihr Taschenmesser schnell, einfach und sicher nachschärfen. Schon wenige Züge mit dem Mini-Sharpy über die Schneidekante reichen aus, um dem Messer wieder eine gute Gebrauchsschärfe zu verleihen. Auch Klingen mit Wellenschliff können mit dem Mini-Sharpy geschärft werden. Die gekreuzten Hartmetallplättchen in seinem Inneren bilden einen Schleifwinkel von 40 Grad. Dieser fest vorgegebene Schleifwinkel bietet einen guten Kompromiss zwischen Schärfe und Lebensdauer der Schneide. Eine mit dem Mini-Sharpy nachgeschliffene Klinge eignet sich für alle Anwendungsbereiche eines Taschenmessers. Dank seiner handlichen Größe und des geringen Gewichts ist der preiswerte Mini-Sharpy auch ideal für unterwegs. Ambitionierte Schnitzer können die Schneide nach dem Schärfen mit dem Mini-Sharpy durch eine zusätzliche Politur bis zur Rasiermesserschärfe ausschleifen.

**Anleitung** Legen Sie das Messer mit dem Rücken auf einen Tisch oder eine andere feste Unterlage. Halten Sie das Messer am Griff fest und ziehen den Mini-Sharpy zwei- bis viermal mit dosiertem Druck über die gesamte Schneidekante vom Griff bis zur Spitze 2. Um den Schliff zu glätten, streichen Sie anschließend zwei- bis sechsmal mit weniger Druck über die Schneide. Um sogenannte Ratter-

marken (Querstreifen) im Schliffbild zu vermeiden, ist es wichtig, dass der Anpressdruck und die Geschwindigkeit, mit der Sie den Mini-Sharpy über das Messer ziehen, auch über den abgerundeten Teil der Schneide hinweg konstant bleiben.

Ein scharfes Taschenmesser schneidet ein Stück Papier durch, das mit zwei Fingern gehalten wird, ohne dabei das Papier zu zerreißen 3.

# VERLETZUNGSGEFAHREN UND WUNDBEHANDLUNG

Die häufigsten Verletzungen mit dem Taschenmesser sind Schnitt- oder Verletzungen beim ungewollten Einklappen der Klinge. Die Hand, die das Werkstück hält, kann durch einen Schnitz- oder Gartenhandschuh vorbeugend geschützt werden. Für kleine Schnittverletzungen, die immer mal passieren können, sollte ein kleines Erste-Hilfe-Set stets griffbereit sein.
Unfälle passieren, wenn ...

- eine stumpfe Messerklinge benutzt wird. Beim stumpfen Messer ist der Kraftaufwand größer, was das Abrutschen oder Einklappen der Klinge begünstigt (siehe auch Sicherheitsregeln, Seite 28 und 29).
- die Lichtverhältnisse nicht ausreichend sind.
- unkonzentriert geschnitzt wird. Ein Messer, das verkehrt in die Hand genommen wird, kann einklappen und Schnittverletzungen verursachen.
- es sehr kalt ist. Mit tauben Fingern zu schnitzen, schränkt das nötige Feingefühl für ein kontrolliertes Führen der Klinge zu sehr ein.
- nicht genügend Pausen eingelegt werden. Schnitzen ist für Ungeübte eine anstrengende Tätigkeit. Dabei werden Muskelpartien beansprucht, die sonst kaum trainiert werden.

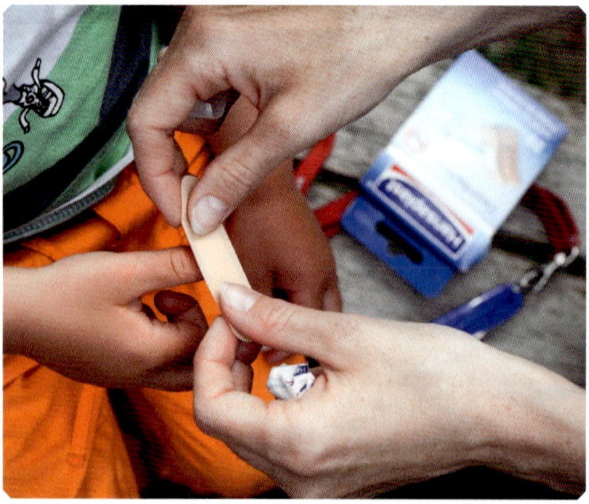

## Einfache Schritte zur Behandlung von Wunden

- Bewahren Sie Ruhe und erklären Sie dem Kind, was Sie tun werden und dass es vielleicht ein bisschen weh tun wird.
- Säubern Sie wenn möglich die Wunde vorsichtig unter kaltem, fließendem Trinkwasser und wischen Sie sanft Verunreinigungen aus der Wunde. Wischen Sie dabei immer aus der Wunde heraus, nie in die Wunde hinein.
- Bedecken Sie die blutende Stelle mit einer Kompresse. Eine kleinere Wunde hört in der Regel schnell auf zu bluten. Wenn die Blutung nicht aufhört, drücken Sie die Kompresse sanft auf die Wunde, bis die Blutung stoppt.
- Sollten sich Fremdkörper in der Wunde festgesetzt haben, versuchen Sie nicht, diese selbst zu entfernen. In diesem Fall ist ärztliche Hilfe notwendig.
- Lassen Sie die verletzte Stelle etwas abtrocknen. Tupfen Sie die Wunde mit Desinfektionsmittel ab. Decken Sie die Wunde mit einer nicht klebenden Kompresse ab, und fixieren Sie die Kompresse mit einem Verband oder verwenden Sie dafür ein Pflaster.
- Weisen Sie die Kinder darauf hin, die Wundkruste (den Schorf) nicht abzukratzen.

## Wann muss ein Arzt aufgesucht werden?

Für die meisten kleineren Schnittwunden ist die Behandlung mit einem Erste-Hilfe-Set ausreichend. Aber was tun, wenn die Verletzung doch ernster zu sein scheint?

- Konsultieren Sie einen Arzt, wenn Sie nicht sicher sind, wie schwerwiegend die Verletzung ist, oder ob sie eventuell sogar genäht werden muss. Auch wenn das Kind weiterhin über Schmerzen klagt, ist eine genauere Abklärung geraten.
- Bei allen tieferen Wunden mit klaffenden Wundrändern und bei nicht stoppenden Blutungen sollten Sie sich an einen Arzt wenden.
- Auch bei Abschürfungen, in denen sich Verunreinigungen oder Fremdkörper festgesetzt haben, die sich nicht auswaschen lassen, sollten Sie zum Arzt gehen.
- Suchen Sie einen Arzt auf, wenn eine Verletzung am Kopf vorliegt oder wenn kein ausreichender Tetanusschutz mehr besteht.

# TASCHEN MESSER PROJEKTE

Die folgenden Werkprojekte wurden unter dem Aspekt ausgewählt, dass sie mit einem einfachen Schweizer Taschenmesser als einzigem Werkzeug durchzuführen sind. Ein Taschenmesser mit einer großen und einer kleinen Klinge, einer Ahle und einer Holzsäge ist dafür ausreichend. Zudem sind viele Projekte mit Materialien zu realisieren, die in der Natur zu finden sind. Für einige Projekte wird Wohlstandsmüll wie Aludosen oder eine PET-Flasche benötigt, wie sie (leider) auch in unseren Wäldern und an Seeufern zu finden sind. Manchmal sind ein Stück Schnur, ein Tropfen Leim oder ein Feuerzeug von Vorteil und verhelfen zu einem saubereren oder dauerhafteren Resultat – was aber nicht heißen soll, dass die Projekte ohne diese zusätzlichen Hilfsmittel nicht realisierbar wären.

Die Reihenfolge der Schnitzprojekte sind nach Schwierigkeitsgrad eingeteilt. Wir beginnen mit den Projekten für Einsteiger.

# AST KRÖTE

2

1

3

Die Astkröte ist eine Vereinfachung des Klangfrosches, eines aus Holz geschnitzten Musikinstruments in Form eines sitzenden Frosches, dessen Klang einem Froschquaken ähnelt 1. Der Klang entsteht dadurch, dass mit einem Holzstab über den gezahnten Rückenkamm gestrichen wird. Wie beim Klangfrosch ähnelt der Sound der Astkröte dem Quaken eines Frosches oder einer Kröte.
Die Astkröte kann auch als Rhythmusinstrument eingesetzt werden.

Für den Klangkörper ist ein Hartholzast mit einem Durchmesser von 3–4 cm gut geeignet. Im Abstand von 2 cm sägen Sie beliebig viele, mindestens 4 mm tiefe Einschnitte 2. Lassen Sie, wenn Sie nicht gegen den Körper schnitzen wollen, unbedingt auf beiden Seiten des späteren Rillenkammes genug Material stehen. So kann das Werkstück bis zum Schluss sicher gehalten werden. Schnitzen Sie dann mit schrägen Schnitten die Rillen von der einen Seite her bis auf die Einschnitttiefe 3.

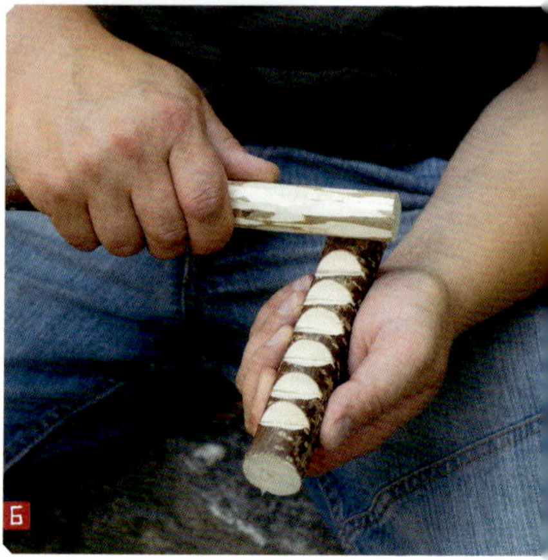

Dafür setzen Sie das Messer für jede Rille mehrmals an.

Anschließend wenden Sie das Holz und wiederholen den Arbeitsschritt von der anderen Seite. So entsteht der Rillenkamm 4. Wie schon erwähnt, ist ein ausreichend großer, sicherer Griff bei diesem Arbeitsschritt sehr von Vorteil.

Kinder, die nicht die notwendige Kraft für das Ausschnitzen der Kerben haben, können die V-förmigen Kerben auch direkt sägen. Allerdings empfehle ich dieses Vorgehen nur, wenn das Werkstück in einem Schraubstock eingespannt werden kann.

Erst jetzt sägt man den Stab beidseitig auf die gewünschte Länge ab 5.

Um das Instrument zum Klingen zu bringen, sägen Sie sich einen Hartholzstab mit einem Durchmesser von circa 2 cm zurecht. Dieser Stab wird mit etwas Druck zügig über die Rillen geführt 6.

# ZWERG

Remo, mein Partner für Naturpädagogikprojekte, zeigte mir kürzlich, wie er Zwerge aus Ästen schnitzt. Sofort war mir klar, dass die Zwerge in mein nächstes Buch kommen müssen.
Als Rohmaterial eignet sich fast jedes Aststück, bei dem ein kleiner Seitentrieb absteht. Aus diesem Trieb wird später die Nase geschnitzt. Ich verwende in dieser Anleitung einen Haselast mit einem Durchmesser von etwa 25 mm. Kurz oberhalb der Nase setze ich einen Stoppschnitt, der die Oberkante der Stirn markiert 1. Mit der Feinschneidetechnik löse ich die Rinde von der Stirn in Richtung Nase. So entsteht die obere Gesichtspartie 2. Gleich unter der Nase setze ich einen Stoppschnitt 3. Nun setze ich mit der Feinschneidetechnik einen von unten nach oben schräg verlaufenden Schnitt bis hin zum Stoppschnitt 4. Es löst sich ein Span in Form eines Kreissegments, wodurch der Zwerg einen lachenden Mund erhält. Etwa dort, wo die Ohren zu stehen kämen, setze ich das Messer für einen schräg nach unten verlaufenden Schnitt an 5. Auf der anderen Seite ebenfalls. Diese beiden Schnitte begrenzen den Bart. Damit der Bart durch den Kontrast gut sichtbar wird, schneide ich auf beiden Seiten außerhalb des Begrenzungschnitts einen

Streifen Rinde mit der Feinschneidetechnik ab 6. Beim nächsten Schritt markiere ich den Mützenrand mit einem Begrenzungsschnitt. Von diesem Schnitt aus schnitze ich eine Spitze zu 7. Es entsteht die Zwergenmütze. Beim Bart schneide ich mehrere dünne Streifen ein. Mit der Feinschneidetechnik löse ich die Barthaare 8. Mit der Ahle steche ich links und rechts knapp oberhalb der Nase die Augen ein. Um den Augen mehr Kontrast zu verleihen, kohle ich einen kleinen zugespitzten Ast an 9 und reibe den verkohlten Teil an dem eingestochenen Auge 10. Jetzt ist der Zwerg fertig und spielbereit. Damit das Schneewittchen-Schauspiel noch authentischer wirkt, kann man die Mütze einfärben.

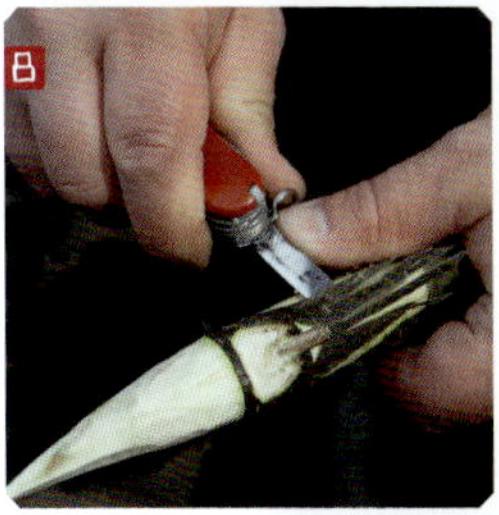


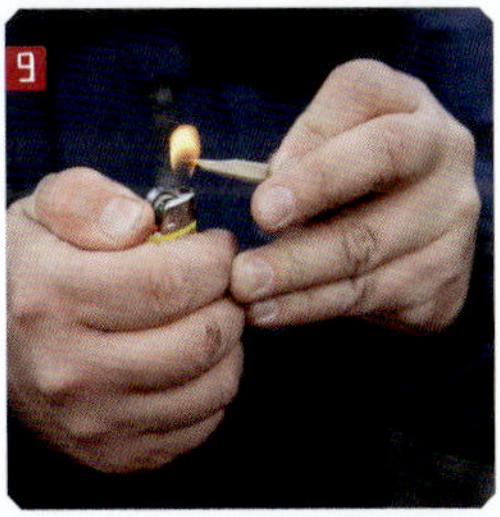

# KLANG STAB

Der Klangstab gehört zur Instrumentengruppe der Holzklinger (griech. »Xylophon«; xylon heißt Holz, phoneē klingen). Der hier vorgestellte Klangstab ist im Grunde ein einfacher Ast, der durch Anschlagen in Schwingung versetzt wird. Wird er dabei einfach an irgendeiner Stelle gehalten, ertönt nur ein dumpfes Klacken. Das Geheimnis des Klanges verbirgt sich hinter einem bestimmten Punkt, an dem der Stab aufgehängt werden muss – dem Schwingungsknoten. An diesem Punkt kreuzen sich die Schwingungslinien, weswegen der Stab dort nicht schwingt. Somit wird der schwingende Teil des Holzes durch die Aufhängung nicht behindert und der Klang kann sich voll entwickeln.

Länge, Durchmesser und Form des Astes beeinflussen den Ton: je länger und dicker der Ast, desto tiefer der Ton. Mehrere verschiedene Klangstäbe zusammen, eine Art Waldxylophon, ergeben ein verblüffendes Klangerlebnis. Mit Geduld und Pioniergeist könnten die Stäbe sogar aufeinander abgestimmt werden.

Für den Bau eines einfachen Klangstabes verwendet man einen gerade gewachsenen Hartholzast, hier einen trockenen Haselast mit einem Durchmesser von 25 mm und einer Länge von 35 cm. Wenn möglich sollte das Holz trocken sein – aber auch Frischholz tönt schon erstaunlich gut. Je härter die Holzsorte, desto intensiver der Klang. Das Holzstück sollte zudem frei von Rissen und möglichst ohne Seitenäste sein.

Zuerst schälen Sie den Ast, denn die Rinde ist weicher als das Holz 1.

Theoretisch dämpft alles, was weich ist, den Klang. Wenn es sich jedoch nur um eine dünne Astrinde handelt, sind keine gravierenden Klangunterschiede zwischen ungeschälten und geschälten Klangstäben herauszuhören. Es können also auch Verzierungen in die Rinde geschnitzt werden.

Um experimentell den Schwingungsknoten zu ermitteln, halten Sie den Klangstab etwas oberhalb der Mitte zwischen Zeigefinger und Daumen. Lassen Sie den Stab langsam Stück für Stück nach unten gleiten und schlagen fortwährend daran. Dort, wo der Stab am besten klingt, befindet sich der Schwingungsknoten. Jeder Klangstab hat zwei Schwingungsknoten. Rechnerisch liegen sie jeweils um etwa ein Fünftel der Gesamtlänge von beiden Enden entfernt. Wenn Sie den Schwingungspunkt ermittelt haben 2, bohren Sie an der Stelle mit der Ahle ein Loch 3. Durch das Loch führen Sie ein Ästchen oder eine Schnur, an der Sie den Klangstab halten können. Nun ist der Klangstab einsatzbereit.

Da das Bohren mit der Ahle umständlich ist und Kraft erfordert, kann beim Herstellen eines Waldxylophons anstelle eines Loches eine umlaufende Kerbe auf der Höhe des Schwingungsknotens geschnitzt werden 4. In der Kerbe können Sie die Äste mit einer Schnur fixieren.
5 und 6 zeigen Variationen eines Waldxylophons aus Ästen.

5

6

# HOLUNDER RASSEL

1

2

3

4

Die Holunderrassel ist ein einfach zu spielendes Rhythmusinstrument, das schon kleine Kinder begeistert. Man braucht für die Rasselrädchen einen Holunderast mit einem Durchmesser von 15–25 mm und großem Markanteil (mindestens 8 mm), einen Stock für den Griff (Durchmesser 15–20 mm) und einen dünnen Querstab, auf dem die Holunderrädchen geführt werden.

Schneiden Sie zuerst acht 1 cm dicke Rädchen Holunderholz ab. Entfernen Sie das Mark mit der Ahle 1, 2.

Der Innendurchmesser der entstandenen Löcher muss größer sein als der Außendurchmesser des Querstabes, damit die Rädchen auf dem Querstab frei laufen können. Die Rinde der Rädchen wird abgeschält.

Bohren Sie etwa 3 cm vom dickeren Ende entfernt mit der Ahle ein Loch in den Griffstock 3.

Entfernen Sie die Rinde des Querstabes. Das Loch im Griffstück vergrößern Sie mit der Ahle so weit, dass der Querstab gerade im Loch festklemmt 4.

Schieben Sie nun je 4 Rädchen rechts und links des Griffstücks auf den Querstab 5.

Die beiden Endstücke kann man aus Holunderstücken fertigen, deren Markdurchmesser kleiner ist als der Querstabdurchmesser. Den Querstab spitzen Sie an den Enden leicht an. Hämmern Sie nun mit vorsichtigen Schlägen die beiden Endstücke mit einem Stück Holz auf den Querstab. Die Endstücke müssen auch nach längerem Einsatz der Rassel noch halten 6. Falls Leim zur Verfügung steht, ist es ratsam, die Endstücke damit zu sichern.

Alternativ kann auch eine einfachere Variante der Rassel hergestellt werden. Diese Rassel ist einarmig und ergibt sich aus der natürlichen Form des Astes. Verwenden Sie dazu einen Griffstock, aus dem ein ungefähr rechtwinklig abstehendes Seitenäst-lein herauswächst. Die restlichen Arbeitsschritte bleiben dieselben 7.

5

6

7

HALSKETTE

Schon im meiner Kindheit stellten wir Indianerschmuck her, indem wir das Mark von abgesägten kleinen Holunderstücken entfernten und die so entstandenen Perlen auf eine Schnur auffädelten. Manchmal schmückten wir die Ketten noch zusätzlich mit Federn aus dem benachbarten Hühnerstall. Als ich vor ein paar Monaten auf der Suche nach Schnitzmaterial in einem Asthaufen wühlte, fiel mir die dunkelrote Rinde einiger Hartriegelschösslinge auf. Im selben Haufen fand ich auch grüne Triebe einer Weide. Da kam mir die Idee einer mehrfarbigen Halskette. Für die weißen Perlen schälte ich Zweige des Holunders. Natürlich können auch die Äste anderer Sträucher und Bäume verwendet werden. Damit die Perlen ohne Bohrmaschine hergestellt werden können, ist ein Markkanal mit großem Durchmesser Voraussetzung **1**.

Ich lege den Ast auf eine möglichst ebene Holzunterlage. Mit der großen Klinge schneide ich 1 ½–2 cm lange Stücke davon ab **2**. Dazu drücke ich die Messerklinge auf den Ast und wälze diesen unter dem Druck der Schneide hin und her, bis es durchtrennt ist **3**. Wer nicht die nötige Kraft hat, um die Perlen auf diese Weise abzuschneiden, kann sie auch absägen. Mit der Ahle kratze ich das Mark von beiden Seiten her aus **4**. Danach versuche ich die gelösten Markteile auszublasen.

Mit einem zurechtgeschnitzten trockenen Hartholzästchen stoße ich festsitzende Mark- und Holzfasern hindurch und erweitere das Loch 5. Das ist nicht immer ganz einfach und nimmt etwas Zeit in Anspruch. Mit einem Bohrer lässt sich diese Arbeit wesentlich einfacher erledigen.

Damit die Schnur beim Aufziehen der Perlen nicht ausfranst oder ständig abknickt, reibe ich das Schnurende mit etwas Harz ein 6. Dieses Harz verleiht der Schnur genügend Steifigkeit, sodass die Perlen problemlos aufgefädelt werden können. Auf der anderen Seite der etwa 50–60 cm langen Schnur befestige ich ein Verschlussstäbchen, in dessen Mitte ich eine Kerbe geschnitzt habe, mit einem Würgeknoten oder einem anderen festen Knoten 7. Nachdem ich die Hälfte der Perlen aufgefädelt habe, schnitze ich mit der Feinschnitttechnik aus der Mitte eines Eschen-

8

9

10

11

holzastes eine große Perle 8. Mit der Ahle bohre ich ein Loch in die Perle und fädle sie und dann die restlichen Perlen auf 9. Am Schluss knüpfe ich möglichst nahe an der letzten Perle eine Lasche, durch die das Verschlussstäbchen passt 10. Alternativ zur großen Holzperle kann auch mit einer ins Mark geschobenen Vogelfeder ein schöner Schmuck hergestellt werden 11. Viel Spaß beim Ausprobieren!

# KREISEL

Sicher haben Sie noch das Bild eines Kreisels vor sich, der elegant und ruhig seine Runden dreht. Bei einem selbst hergestellten Kreisel ist die Faszination natürlich noch größer. Der Bau eines Kreisels ist mit etwas Hilfe auch ein geeignetes Anfängerprojekt, bei dem verschiedene Werkzeuge des Taschenmessers zum Einsatz kommen; zudem kann rasch ein funktionierendes Resultat erreicht werden.

Für das Schwungrad benötigen Sie ein Aststück mit 3–5 cm Durchmesser. Damit sich der Kreisel schlussendlich ruhig dreht, muss die Achse genau durch das Zentrum der Schwungscheibe führen. Ideal wäre deshalb, wenn die Schwungscheibe komplett rund ist und das Mark genau in der Mitte liegen würde. Da ein solches Aststück aber nur selten zu finden ist, wird hier gezeigt, wie eine unregelmäßige Astscheibe angepasst werden kann.

Sägen Sie eine 10–15 mm dicke Scheibe möglichst parallel ab 1. Mit einem selbstgebastelten Zirkel stechen Sie ins Mark und markieren die Kontur der Schwungscheibe in der gewünschten Größe 2.

Danach spalten Sie, außerhalb der gezogenen Linie, Stück für Stück alle Unregelmäßigkeiten mit der großen Klinge ab 3. Wer genug Kraft hat, der kann die Teile von Hand abspalten. Die anderen verwenden einen Schlag-

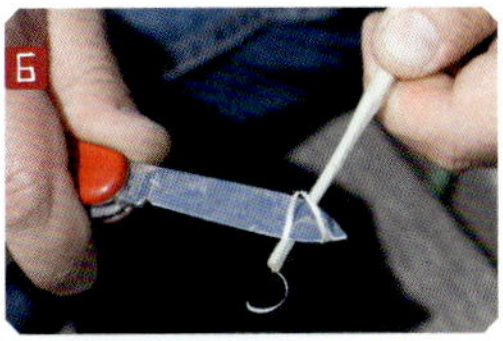

stock, um beim Spalten auf den Messerrücken zu schlagen.

Als Nächstes setzen Sie die Ahle im Mark an und bohren ein 4–5 mm großes Loch 4. Dazu treiben Sie die Ahle nicht komplett durch die Scheibe, sondern drehen sie nur bis zur Mitte des Nagelhiebes in das Werkstück, wenden es und bohren dann auf dieselbe Weise von der anderen Seite her.

Die Achse können Sie aus einem Aststück mit größerem Durchmesser herausarbeiten, indem Sie den Ast in vier Teile spalten 5. Dünnen Sie eins der Viertel zu einem etwa 4–5 mm dicken Rundstab aus. Als einfachere Variante ein gerades, dünnes Ästchen als Achse zu verwenden, hat den Nachteil, dass wegen des weichen Marks keine saubere Spitze geschnitzt werden kann, was die Laufruhe des Kreisels verschlechtert. Beim Schnitzen mit Anfängern verwende ich immer ein Ästlein als Achse.

Dünnen Sie die Achse oberhalb des Einsteckbereichs stärker aus, damit außerhalb der Schwungscheibe möglichst wenig Masse vorliegt, die eine Unwucht erzeugen kann 6.

Im Einsteckbereich sollte die Achse genau so groß sein, dass sie ins Loch der Schwungscheibe gepresst werden kann und dort senkrecht festklemmt 7. Alternativ kann die Achse auch mit etwas Leim eingeklebt

8

9

oder mit schmalen keilförmigen Spänen eingeklemmt werden. Schrägen Sie zum Schluss die Kante der Schwungscheibe etwas ab.

Zugegebenermaßen ist auch etwas Glück dabei, wenn ein Kreisel auf Anhieb ruhig dreht. Dazu müssen einige Faktoren stimmen, die zwar beeinflussbar, aber schwierig zu diagnostizieren sind.

Eine Unwucht kann behoben werden, indem die Achse gekürzt oder leicht abgedreht neu eingesetzt wird oder indem die Schwungscheibe durch Abnehmen der schwereren Seite ausbalanciert wird. Testen Sie nach jeder kleinen Korrektur den Kreisel von Neuem 8.

## VARIANTE

Ein Kreisel kann als Würfelersatz genutzt werden 9, indem ein Sechskant an die Schwungscheibe angebracht wird. Die Seitenlänge eines Sektors entspricht genau dem Radius des Kreisels. Mit einem abgelängten Grashalm kann die Sechskantform millimetergenau übertragen werden.

# STEIN SCHLEUDER

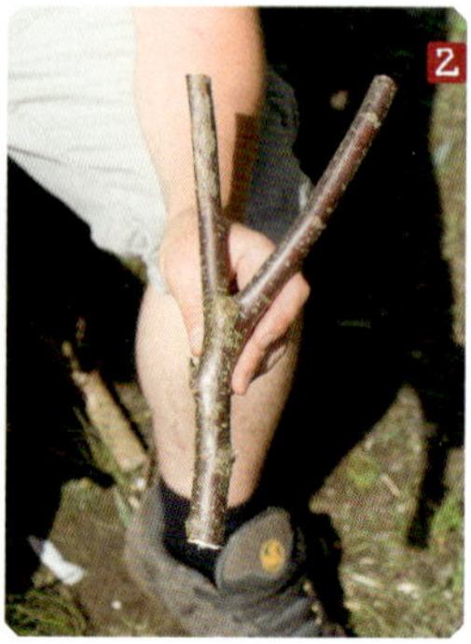

Die Steinschleuder ist der Waldspielzeug-Klassiker schlechthin! Kinder können Stunden damit verbringen, eine leere Cola-Dose von einem Zaunpfahl zu schießen. Da die Steinschleuder, abhängig von der Stärke des Gummibandes, mehr Waffe als Spielzeug ist, gilt es jedoch, einige Sicherheitsregeln einzuhalten (siehe Seite 66).

Um im Wald eine Steinschleuder zu bauen, benötigen Sie zusätzlich zur Astgabel ein Gummiband, eine starke Schnur und ein Stück Leder. Als Gummizug ist ein Latex-Gummiband für Gymnastikübungen gut geeignet 1. Solche Bänder gibt es in Sportgeschäften zu kaufen. Auch Luftballons eignen sich vom Material her, meistens sind jedoch die Maße nicht optimal. Auch mit in Ringe geschnittenen und zusammengeknoteten Fahrradschläuchen lassen sich Steinschleudern anfertigen; diese haben aber meiner Erfahrung nach wesentlich weniger Kraft als Schleudern mit Latexbändern. Als Munitionshalter kann ein Stück dickes, reißfestes Leder dienen 1.

Hauptbestandteil der Schleuder ist eine möglichst symmetrische Astgabel aus Hartholz 2. Am besten stehen die Äste in einem Winkel zwischen 40 und 60 Grad zueinander. Längen Sie die beiden Schenkel auf etwa 14 cm ab.

Nach dem Ablängen bringen Sie je zwei Markierungskerben an den Gabelenden an 3, um anschließend mit der Feinschnitttechnik eine umlaufende

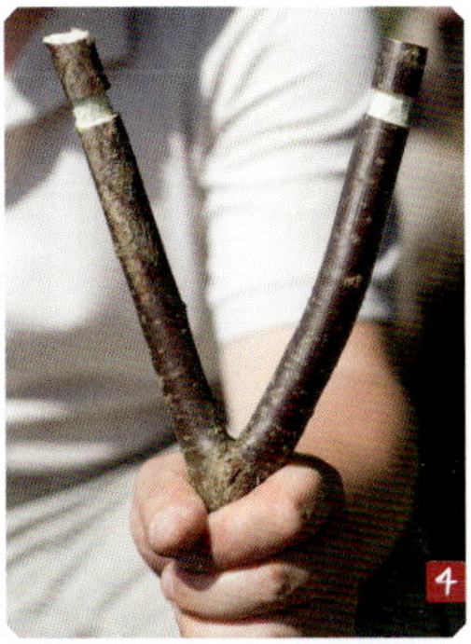

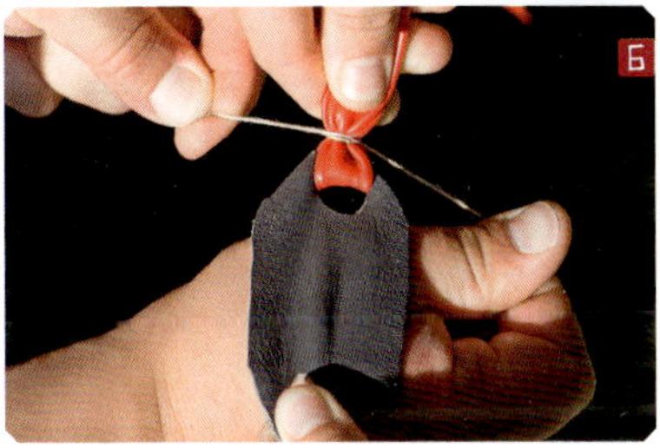

Nut zu schnitzen 4. Diese Nut verhindert, dass der umgebundene Gummi von den Gabelenden rutscht.

Rollen Sie den Gummizug der Länge nach ein 5.

Stecken Sie das aufgerollte Band durch das Loch im Leder und schlagen es um.

Mit einer reißfesten Schnur werden die Gummibänder zusammengebunden. Dabei ist es hilfreich, wenn eine zweite Person beim Abbinden hilft, denn es ist wichtig, den Gummi beim Binden zu straffen. Schlagen Sie die Schnur mehrmals mit viel Spannung um das Gummiband und sichern Sie die Wicklung mit einem Knoten ab 6.

Den zweiten Gummizug befestigen Sie auf dieselbe Weise auf der anderen Seite des Munitionshalters. Nun legen Sie das aufgerollte Gummiband um die Kerbe des einen Schenkels und schlagen es um. Auch hier wird das Gummiband – wiederum in gespanntem Zustand – mit Schnur abgebunden.

Befestigen Sie den Gummi auf dieselbe Weise auch am zweiten

Schenkel 7. Beide Gummizüge müssen exakt dieselbe Länge aufweisen.

Spannen Sie zum Schluss die Schleuder mehrmals 8 und prüfen, ob beide Gummizüge gleich stark sind und ob die Abbindungen sicher halten. Gut Schuss!

## ACHTUNG

Mit einer solchen Latexband-Schleuder erreicht man problemlos eine Distanz von 100 m. Wie anfangs erwähnt, gelten im Umgang damit folgende Sicherheitshinweise:

- Niemals auf Lebewesen zielen!
- Nur in weitläufigem und gut überschaubarem Gelände trainieren – am besten auf eine Zielscheibe schießen.

# BLASROHR

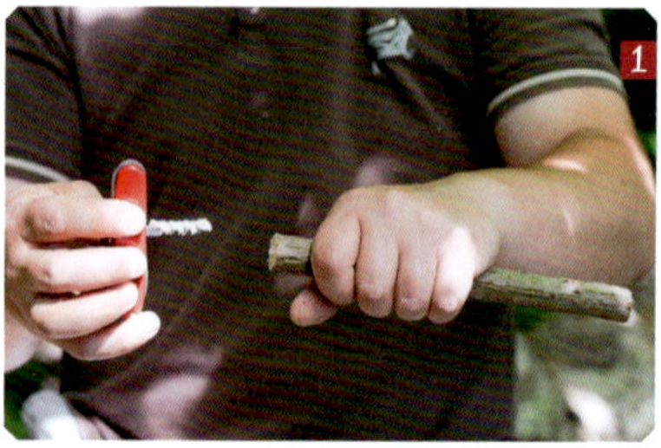

1

2

In den Campingferien in Norditalien bastelte ich einmal zusammen mit einem Jungen ein Blasrohr aus einem kräftigen Schilfrohr. Als Munition verwendeten wir grüne Holunderbeeren und grüne Beeren des Hartriegels. Es dauerte nicht lange, bis auch andere Kinder sich ein Blasrohr gebastelt hatten und die nächsten Tage stundenlang irgendwelche Munition durch die Gegend pusteten. Sie hatten Riesenspaß dabei. Ob das ihren Eltern und den Zeltnachbarn auch so ging?

Für ein stabiles, edles Blasrohr sucht man sich einen gerade gewachsenen Holunderast mit einem Markdurchmesser von 8–10 mm. Der Außendurchmesser sollte größer als 16 mm sein. Je länger das Rohr ist, desto genauer lässt sich damit zielen – vorausgesetzt das Rohr ist gerade.

Nun schneidet man den Holunderast auf 25–30 cm Länge ab. Bei noch längeren Ästen ist es schwierig, ohne Hilfsmittel wie Draht oder Bohrer das Mark zu entfernen.

Bevor man das Mark mit einem Holzstößel herausstößt, legt man den Ast für etwa zwei Stunden ins Wasser, um das Mark aufzuweichen. Bei ganz frisch geschnittenen Ästen lässt sich das Mark auch ohne Einweichen entfernen.

Die ersten 3,5 cm Mark an beiden Seiten des Astes lassen sich entfernen, indem man den Korkenzieher eindreht und wieder herauszieht 1.

Um das verbleibende Mark herauszuholen, verwendet man am einfachsten ein stabiles Stück Draht. Wenn Sie nichts dergleichen zur Verfügung haben, suchen Sie sich ein möglichst hartes, trockenes Ästchen (z. B. Hartriegel), das man als Stößel verwenden kann. Dieses Ästchen soll im Durchmesser etwas kleiner sein als das Markinnere. Schrägen Sie den Stößel an einem Ende ab, damit eine scharfe Kante entsteht. Drehen Sie dann

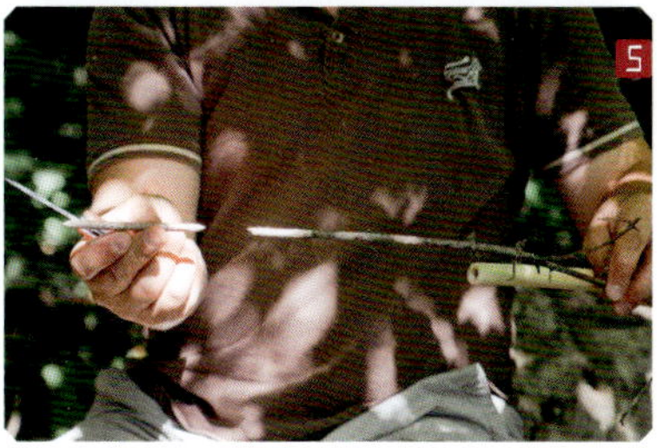

den Stößel oder das Drahtstück wie einen Bohrer vorsichtig ins Mark 2, 3. Sobald das Hineindrehen so schwer wird, dass beim Stößel die Spitze abzubrechen droht, zieht man ihn wieder heraus und setzt erneut an. So arbeitet man sich von beiden Seiten her langsam zur Mitte vor. Es ist wichtig, das Mark in kleinen Portionen zu entfernen, da bei zu großem Kraftaufwand der Stößel im Mark abbrechen und steckenbleiben könnte.

Wenn ein Luftkanal geschaffen ist, schabt man mit einem dünnen Ästchen das an der Rohrwand verbliebene Mark ab und pustet immer mal wieder ins Rohr, um das gelöste Material zu entfernen 4.

Wenn die Innenwand sauber gefegt ist, ist das Rohr fertig.

## Der Pfeil

Für die Herstellung eines Pfeiles verwendet man einen etwa 8 cm langen Abschnitt eines geradegewachsenen Hartholzzweiges 5. Die Dicke kann je nach Innendurchmesser des Blasrohres variieren. Das abgelängte Pfeilholz sollte ohne Widerstand durch das Bohrloch fallen.

Den Pfeil verjüngt man im hinteren Bereich, damit der Schwerpunkt im vorderen Drittel liegt. Als Pfeilspitze steckt man eine Stecknadel verkehrt herum ins Mark des Pfeiles 6.

Mit etwas Harz, das man mit dem Feuerzeug erhitzen kann, klebt man die Nadel fest 11.

Einen Zentimeter vor dem Ende des Pfeiles schnitzt man schließlich eine kleine Kerbe 7, verteilt ein paar Grashalme rund um den Pfeilschaft 8 und bindet sie mit einem Bindfaden oder einem Stück Brennnesselfaser zusammen. Die Gräser werden etwa auf halber Länge mit einem Achterknoten in der Kerbe fixiert 9. Nun legt man die nach vorne zeigenden Enden der Gräser nach hinten und fixiert sie erneut mit einem Achterknoten 10.

Die Grasenden schneidet man etwas zurück, und schon ist der Pfeil fertig 11.

Alternativ zur Stecknadel kann man auch Dornen des einheimischen Weißdorns als Pfeilspitze verwenden. Urwaldvölkern (z. B. den Penan auf Borneo) dient das Blasrohr als Jagdwaffe. Auch Tiere werden oft mithilfe eines Blasrohrs betäubt, um sie zu untersuchen oder mit Sendern zu versehen. Im Umgang mit Blasrohren und speziell mit spitzen Pfeilen ist Vorsicht geboten: Nie auf Menschen oder Tiere zielen!

Deshalb gilt auch hier:
- Zielübungen immer auf eine Zielscheibe (z. B. Baumstrunk oder Kartonschachtel)
- Zuschauer befinden sich hinter dem Schützen!
- Als völlig ungefährliche Pfeile eignen sich auch die Ährenrispen des Wiesenfuchsschwanzes oder anderer Gräser 12.

8

9

10

11

12

GABEL

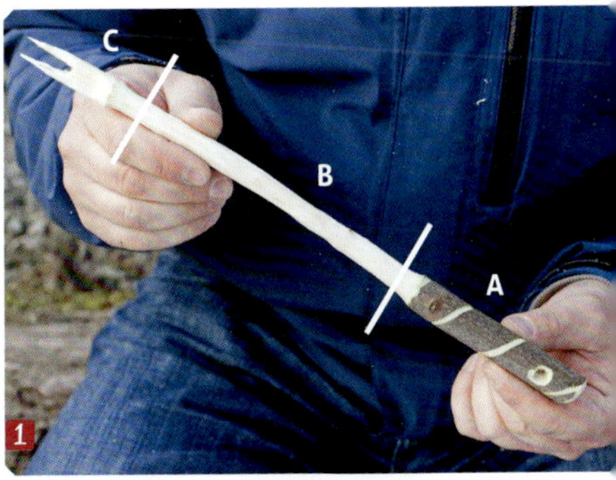

Für ein Outdoor-Fondue auf dem Feuer schnitzten wir armlange Fonduegabeln, mit denen wir von unseren Sitzen aus bequem das Brot in den geschmolzenen Käse tauchen konnten.

Die fertige Gabel 1 besteht aus drei Teilen: Griff (A), Gabelstiel (B) und Gabelzinken (C).

Als Rohmaterial können Sie eine Haselrute mit 12–20 mm Durchmesser verwenden. Auch andere ungiftige und geschmacksneutrale Holzarten wie Birke, Ahorn, Fichte oder Buche sind geeignet. Um beim Schnitzen des Gabelstiels das Werkstück auf der Seite der Zinken besser halten zu können, fügen Sie beim Absägen des Rohlings 6 cm zur gewünschten Endlänge der Gabel hinzu. Je nach Verwendungszweck der Gabel variiert die Gesamtlänge; für ein Fondue oder zum Braten von Marshmallows darf sie durchaus 40–60 cm lang sein.

## Stiel

Schnitzen Sie mit der Feinschnitttechnik zwei Markierungsringe, die den Beginn und das Ende des Gabelstiels anzeigen 2.

Die beiden Ringe werden circa 10 cm von den Enden angebracht. Schnitzen Sie danach von beiden Seiten her mit dem Grobschnitt den Gabelstiel auf den gewünschten Durchmesser 3.

4

5

6

## Zinken

Wenn der Stiel genügend ausgedünnt ist, sägen Sie die 6 cm Zugabe auf der Seite der Gabelzinken vorsichtig ab 4. Schnitzen Sie nun mit der großen Klinge von beiden Seiten die Fläche, aus der die Zinken herausgearbeitet werden. Wenn die Materialstärke an der Spitze noch 1–2 mm beträgt 5, folgt der nächste Arbeitsschritt.

In die entstandene Fläche bohren Sie mittig etwa 3,5 cm vom Ende mit der Ahle ein Loch. Hier ist Vorsicht geboten: Das Holz darf dabei nicht spalten 6.

Stützen Sie nun die Gabel auf eine Holzunterlage und schneiden mit der kleinen Klinge, ähnlich wie mit einem Cutter, vorsichtig den V-förmigen Zwischenraum zwischen den Zinken heraus 7, 8. Damit dies gelingt, ist etwas Geduld und Feingefühl gefragt. Wenn Sie einen Stift zur Verfügung haben, ist es eine Hilfe, wenn Sie erst beidseitig die Schnitzlinien der Zinken einzeichnen.

Mit der kleinen Klinge schnitzen Sie dann die Kanten der Zinken rund und spitzen sie etwas an 9.

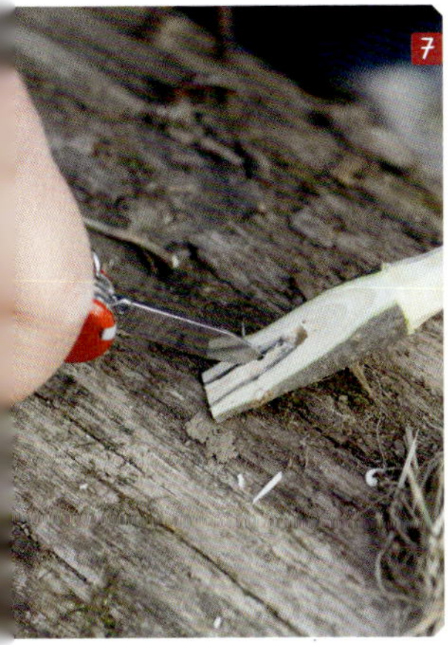

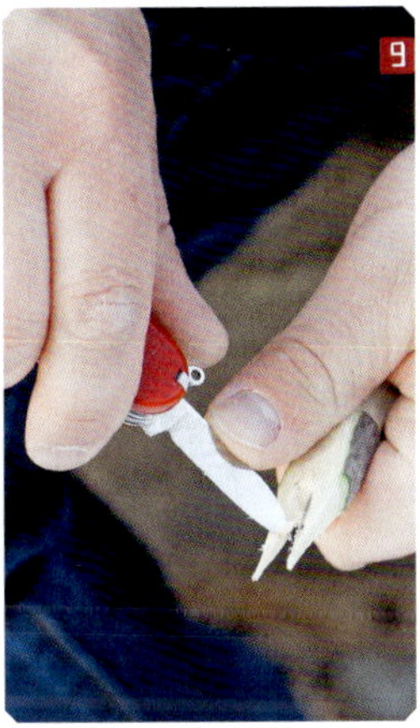


## Griff

Um die Gabel aufhängen zu können, bohren Sie mit der Ahle am Griff ein Loch, durch das Sie später ein Lederband ziehen können. Das Ende des Griffs schrägen Sie etwas ab. Außerdem kann natürlich der Griff mit beliebigen Mustern versehen werden. Ihrer Kreativität sind hier keine Grenzen gesetzt. Guten Appetit!

# LÖFFEL

Es ist für mich sehr befriedigend, an einem schönen Ort ohne Zeitdruck etwas zu schnitzen. Mit einem selbst geschnitzten Löffel eine auf dem Feuer zubereitete Speise zu essen, ist immer ein spezielles Erlebnis, das ich zur Nachahmung nur empfehlen kann.

Als Rohmaterial für einen kleinen Löffel benötigt man einen Ast von rund 30 cm Länge und 3 cm Durchmesser. Hasel, Birke, Buche oder Ahorn wären eine gute Wahl – das Holz ist geschmacksneutral und lässt sich gut verarbeiten. Wenn möglich sollte das Holz schon etwas trocken sein, weil dadurch das Ausbrennen erleichtert wird. Der Ast darf durchaus eine kleine Biegung haben. Funktionell ist es von Vorteil, wenn die Innenwölbung (Laffe) tiefer liegt als der Griff (Löffelquerschnitt 1). Spalten Sie den Ast mit einem Keil in zwei Teile 2, 3.

Die Laffe mit dem Taschenmesser zu schnitzen ist sehr schwierig. Hier wird gezeigt, wie die Laffe mit der Ausbrennmethode hergestellt werden kann: In die Mitte des aufgespaltenen Astes schnitzen Sie eine kleine Mulde. In diese setzen Sie ein etwa haselnussgroßes Glutstück, das Sie mit einem Zweig aus dem Feuer nehmen. Mit einem Ästchen halten Sie die Glut fest, damit sie beim Anblasen nicht davonweht 4 und um das Ausbrennen zu steuern. Blasen Sie mit langen, gleichmäßigen Atemzügen.

Zu Beginn braucht es etwas Ausdauer, bis sich die Glut auf das Werkstück übertragen hat 5 – doch wenn das geschehen ist, geht es relativ rasch voran. Durch geschicktes Wenden und Verschieben der Glut können Sie die Form der Ausbrennstelle beeinflussen. Von Zeit zu Zeit benötigen Sie ein neues Glutstück. Bevor Sie das neue Glutstück einsetzen, kratzen Sie jeweils mit der Schneide des Büchsenöffners die entstandene Kohleschicht etwas aus. So können Sie beurteilen, wo und wie viel Sie noch ausbrennen möchten. Steichen Sie etwas Lehm an die Stellen, die nicht mehr weiter ausgebrannt werden sollen. Aufgepasst: Die Laffe kann mit der Ausbrennmethode rasch zu tief werden und so das bequeme Essen beeinträchtigen. Ganz zum Schluss, nachdem die Außenform des Löffels fertig bearbeitet ist, kann die Tiefe der Laffe durch vorsichtiges Abnehmen des Randes noch verringert werden.

Nachdem Sie die Laffe genug ausgeglüht und die Kohle etwas ausgekratzt haben, schleifen Sie die Laffe aus. Dazu suchen Sie einen Stock mit einem Durchmesser, der in etwa der Breite der Laffe entspricht. Diesen Stock runden Sie an der Spitze ab. Mit der Feuerbohrtechnik und etwas Sand zwischen Stock und Werkstück schleifen Sie nun die Laffe aus 6, bis sie angenehm fein geworden ist. Damit Sie den Löffel beim Schnitzen des Griffes gut halten können,

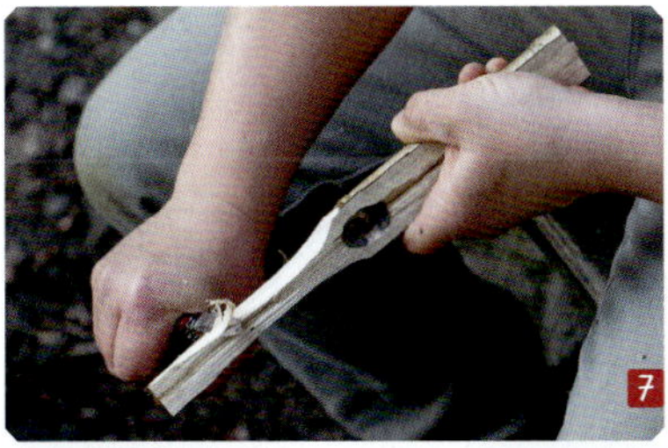

7

8

9

ist es geschickter, die Laffe in der Mitte des Werkstückes auszubrennen. Nun kann der Löffelgriff geschnitzt 7 und anschließend sorgfältig vor der Laffe abgesägt werden 8.

Zum Schluss runden Sie den vorderen Teil des Löffels sauber ab und dünnen die Laffe aus 9. Mit den Fingerkuppen kann genau ertastet werden, wo noch etwas Holz weggeschnitzt werden muss und wo die Laffe die richtige Dicke hat. Für ein angenehmes Gefühl beim Essen lohnt es sich, die Laffe möglichst dünn zu schnitzen. Jetzt fehlt nur noch eine leckere Suppe vom Feuer.

# SEGEL BOOT

Segelboote sind bei Kindern sehr beliebte Bastelobjekte und Spielzeuge. Mit einer schönen Feder oder einem Blatt als Segel gleiten sie wie ihre großen Vorbilder majestätisch übers Wasser.

An Fluss- und Seeufern finden sich oft Ansammlungen von Treibholz. Gespaltene Äste oder Stämmchen, die schon etwas verrottet, jedoch wieder getrocknet und darum weich und leicht sind, sind das ideale Material für den Rumpf eines Segelbootes. Auch große Rindenstücke der Kiefer oder flache, brettähnliche Splitter eines geknickten, umgestürzten Baumes eignen sich gut.

Mit der großen Klinge wird der Schiffsrumpf geschnitzt. Eine symmetrische Form ist Voraussetzung dafür, dass das Schiff im Wasser einigermaßen geradeaus fährt 1, 2.

Damit das Segelschiff stabil im Wasser liegt und nicht bei jedem Windstoß oder bei jeder Welle kippt, muss ein Kiel angebracht werden. Suchen Sie dafür einen länglichen, schmalen Stein, den Sie auf der Unterseite des Bootrumpfes in eine Nut pressen. Um diese Nut anzubringen, bohren Sie mit der Ahle einige Löcher hintereinander in die Mitte der Rumpfunterseite 3. Die schmalen Wandungen zwischen den Löchern durchbrechen Sie, indem Sie die Ahle wieder in die Löcher stecken und

1

2

3

abkippen. Mit der kleinen Klinge schnitzen Sie die Übergänge glatt und vergrößern die Nut, bis der Stein eingepresst werden kann 4. Je weiter der Stein ins Wasser ragt, desto tiefer liegt der Schwerpunkt und dementsprechend stabiler treibt das Schiff im Wasser. Wenn der Stein von alleine noch nicht genügend hält, kleben Sie ihn mit Harz fest. Dafür legen Sie einige Klümpchen Harz um den Kiel, erwärmen sie mit dem Feuerzeug 5, pressen sie fest in die Ritzen und bilden eine Wulst um den Stein.

Mit der Ahle bohren Sie auf der Oberseite des Schiffsrumpfes ein Loch, in das Sie den gestutzten Federkiel einer Vogelfeder stecken 6. Um die Fahrtrichtung beizubehalten, benötigt das Schiff noch ein Ruder 7. Es besteht aus einem Aststück, das mit der großen Klinge flachgeschnitzt wird. Um das Ruder am Heck zu befestigen, bohren Sie schräg von unten mit der Ahle ein Loch ins Heck. In dieses Loch pressen Sie das passend ausgedünnte Oberteil des Ruders 8.

Bild 8 zeigt eine Segelboot-Variante mit einem Rumpf aus Kiefernrinde. Bei diesen Booten erblasst selbst das Alinghi-Team vor Neid!

Wer keine Vogelfeder findet, der kann für das Segel auch ein Blatt verwenden. Hier wurde ein Blatt des

Wolligen Schneeballs angebracht 9. Als Mast dient ein Zweig mit einer Gabelung, an der das Blatt vorsichtig eingehängt wurde. Mit einem Faden ist der Blattstiel unten am Mast fixiert. Da ein solches Segel deutlich schwerer ist als ein Segel aus einer Vogelfeder, muss auch der Kiel entsprechend größer und schwerer sein, damit der Kahn nicht kippt.

7

9

8

# FLOSS

Es gibt unzählige Varianten von Modellflößen. Hier wird eine Variante vorgestellt, von der sich auch einfachere Typen ableiten lassen. Verwenden Sie möglichst trockenes, leichtes Holz, damit das Floß viel Auftrieb im Wasser erhält. Für das Zusammenbinden der Einzelteile benötigen Sie rund 10 m Schnur.

Auf Bild 1 sehen Sie die Hölzer, die für das Grundgerüst eines Floßes mit einer Grundfläche von 20 × 30 cm nötig sind:

- zwei dünne Quermasten für das ausgebreitete Segel
- ein Hauptmast (Durchmesser 10–15 mm, Länge ca. 35 cm)
- acht Längsstämme (Durchmesser 25–30 mm, Länge ca. 30 cm)
- zwei Querstämme (Durchmesser 20 mm, Länge ca. 25 cm)

Wenn das Material vorbereitet ist, kann der Floßbau beginnen, und zwar mit dem Zusammenbinden der Grundfläche 2.

Dazu verwenden Sie den Würgeknoten (Constrictor knot). Dieser Knoten ist nicht ganz einfach zu knüpfen,

dafür hält er aber ausgezeichnet. Wer sein Floß nicht für die Ewigkeit bauen will, kann sein Grundgerüst auch mit einem einfacheren Knoten zusammenknüpfen.

Die mittleren Holme versehen Sie mit einer kleinen Kerbe, in welcher der Mast zu stehen kommt 3. Sägen Sie auch eine V-förmige Einkerbung am Ende der Mittelholme, dort wird später das Steuerruder angebracht.

Schließlich können Sie die Bindung mit einigen Sicherungsknoten absichern 4 ...

... und mit dem Knüpfen des zweiten Querbalkens beginnen.

So sieht das fertige Grundgerüst von oben 5 ...

… und von unten aus 6.

Knüpfen Sie nun am Heck des Floßes einen weiteren, in der Mitte verjüngten Querbalken an 7. Daran wird später das Ruder befestigt. Bevor Sie den Mast in die vorgesehene Kerbe stellen, binden Sie die mittleren beiden Balken am Mastfuß nochmals zusammen.

Jetzt spannen Sie den Mast um die Querholmen in alle vier Ecken. Bei diesem Arbeitsschritt kann es eine große Hilfe sein, wenn eine zweite Person den Mast festhält, während Sie knüpfen 8.

9

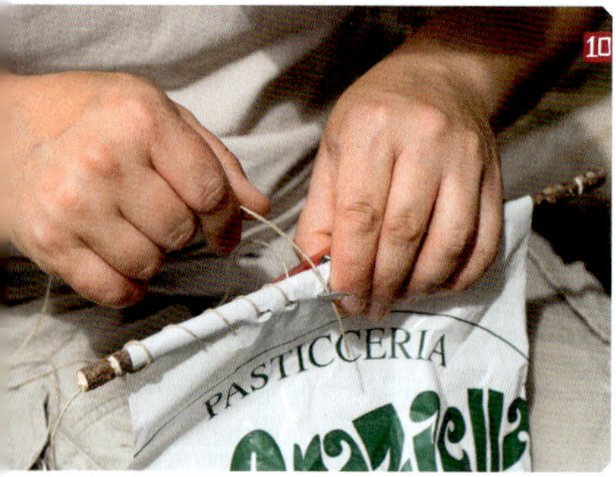


10

Um den Mast jederzeit nachspannen zu können, können Sie den Spanner- oder Fuhrmannsknoten benutzen 9.

Aus einem Plastiksack fertigen Sie ein Segel. Wer kein Plastik verwenden will, kann sein Segel auch aus Stoff, Papier oder großen Pflanzenblättern basteln.
Mithilfe der Taschenmesserahle nähen Sie das Segel um den Quermast 10.

11

Diesen befestigen Sie anschließend am Hauptmast 13. Zur weiteren Fixierung des Segels können Sie am unteren Rand des Segels einen dünnen Ast durch die Ecken des Segels stoßen und ihn mit dem hinteren Querholm verbinden 12.

Aus einem gebogenen Ast lässt sich gut ein flaches Ruder schnitzen, das Sie am oberen Querholm festbinden 11, 12. Dieses Ruder gewährleistet, dass das Floß geradeaus fährt. Ich hoffe, Sie erleben mit Ihrem Floß genauso spannende Abenteuer wie Tom Sawyer und Huckleberry Finn. Es muss ja nicht gleich auf dem Mississippi sein.

12

13

WASSER
RAD

Mein erstes Wasserrad baute ich an einem kleinen Bächlein am Stadtrand, wo oft Leute vorbeispazieren. Mir fiel bald auf, dass nicht nur ich, sondern auch viele Passanten Freude an diesem Wasserrad hatten und minutenlang stehen blieben, um zu beobachten, wie es sich in der Strömung drehte. Wasserräder zu bauen bereitet mir seither viel Spaß. Wenn ich irgendwo ein Wasserrad gebaut habe, kehre ich immer wieder zurück, um zu sehen, ob es noch funktioniert. Oft drehen sie sich noch mehrere Tage lang weiter.

Für den Bau eines Wasserrades benötigen Sie folgendes Material 1:

- zwei Astgabeln als Lager
- einen gerade gewachsenen Ast als Achse, Durchmesser 2–3 cm (ich verwende meistens Hasel)
- vier gerade Triebe als Speichen (z. B. Hasel oder Hartriegel)
- eine PET-Flasche

Platzieren Sie an einer geeigneten Stelle an einem Bächlein mit ausreichender Strömung und Wassertiefe die beiden Astgabeln am Ufer oder auch direkt im Bach 2. Wenn Sie sie nicht tief genug in das Flussbett eingraben können, geben Sie den

Lagern mit aufgeschichteten Steinen zusätzlichen Halt.

Die Achse spalten Sie mittig auf einer Strecke von 15–20 cm der Länge nach auf. Dabei legen Sie die Klinge in der Mitte auf das Holz und schlagen sie mit einem Aststück durch, bis die Klingenspitze auf der gegenüberliegenden Seite herausschaut 3. Danach stellen Sie die Achse auf und vergrößern den Spalt durch Schläge auf die Klingenspitze 4. Drehen Sie die Messerklinge in der Mitte des angebrachten Spalts um 90 Grad, sodass sie die Asthälften auseinanderspreizt 5. Stecken Sie ein Ästchen in den Spalt, drehen Sie dann die Klinge wieder zurück, und ziehen Sie das Messer vorsichtig heraus.

Im rechten Winkel zum ersten bringen Sie nun einen zweiten Spalt auf dieselbe Weise an. Das festgeklemmte Ästchen kann Ihnen dabei als Anhaltspunkt dienen, damit die Spalte rechtwinklig zueinander stehen 6. Beim Spalten und Herausziehen der Klinge ist darauf zu achten, dass das Messer nicht unbeabsichtigt zuklappt.

Durch die beiden Spalte werden nun die Speichen im Abstand von etwa 10 cm eingesteckt 7. Die Speichen müssen vorher auf die notwendige Länge gekürzt werden. Diese ermitteln Sie, indem Sie die Achse in die Astgabeln legen und schauen, wie viel der Abstand von der Achse bis zum Wasser beträgt. Um die Speichen mittig in die Achse einsetzen zu können, markieren Sie die Mitten der Speichen schon vor dem Einstecken.

Für eine größere Klemmwirkung kann die gespaltene Achse zwischen den Speichen mit einem Stück Schnur zusammengezurrt und abgebunden werden.

Schneiden Sie nun aus der PET-Flasche vier möglichst gleichgroße Schaufeln 8. Mit der Ahle treiben Sie in jede Ecke der Schaufeln ein Loch 9. Die Löcher dürfen wegen der Gefahr des Ausreißens nicht zu nahe an den Rand gesetzt werden. Alternativ zur Ahle können die Löcher auch mit einem glühenden Nagel oder einem Locheisen gefertigt werden.

10

Wenn Sie die Schaufeln auf die Speichen geschoben haben, kann das Wasserrad eingesetzt werden 10. Die Schaufeln klemmen sich durch ihre Eigenspannung an den Speichen fest und müssen meistens nicht zusätzlich fixiert werden. Um genügend Strömung zu erhalten, muss das Wasser manchmal bachaufwärts mit einigen Steinen etwas umgeleitet werden. Als Variation habe ich mit der Spalttechnik auch schon Wasserräder mit sechs Speichen hergestellt 11. Diese Räder sind natürlich etwas schwieriger herzustellen, dafür drehen sie sich gleichmäßiger und zuverlässiger, weil dieses Wasserrad so platziert werden kann, dass ständig eine Schaufel von der Strömung erfasst wird.

11

12

Anstatt die Achse für die Speichen zu spalten, kann auch eine Nabe hergestellt werden. Im Beispiel wurde ein Stück Holunder verwendet, das Mark für die Achse ausgestoßen und mit der Ahle acht Löcher für die Speichen gebohrt. Die Speichen müssen an den Enden leicht konisch angespitzt werden, dann kann man sie in die Löcher pressen 12.

Wenn keine PET-Flasche zur Hand ist, können die Schaufeln auch aus Alubüchsen, aus Baumrinde 12 oder aus Nussschalen 13 hergestellt werden.

13

# FLIEGENDER PROPELLER

3
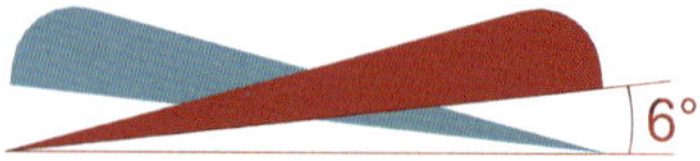


4
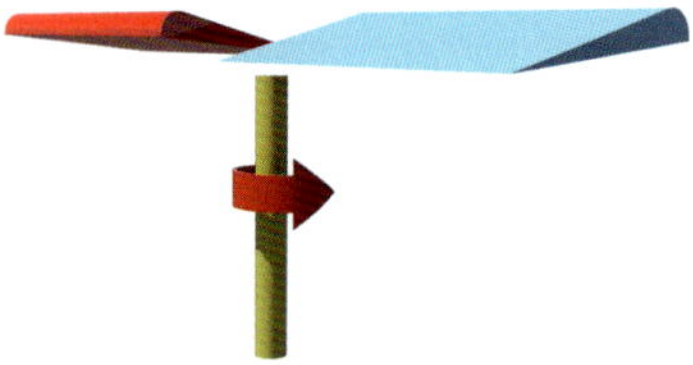

Auf der Suche nach interessanten Taschenmesserprojekten erinnerte ich mich an einen Plastikpropeller mit Aufziehmechanismus, den ich als Kind einmal besaß. Ich machte mich im Internet auf die Suche nach einem solchen Ding und entdeckte schließlich einen Bambuspropeller, der von Hand in Rotation versetzt wird. Ich versuchte, einen Propeller dieser Art zu schnitzen, und stellte fest, dass es mit ein wenig Übung tatsächlich möglich ist, auch aus einheimischen Hölzern einen funktionierenden Propeller zu fertigen.

Sägen Sie ein 18–20 cm langes, gerade gewachsenes Aststück mit einem Durchmesser von 15–20 mm ab und spalten es der Länge nach auf 1. Aus der schöneren Hälfte kann man den Propeller schnitzen, aus der anderen die Spindel.

Erst widmen wir uns der Herstellung des Propellers: Meistens windet sich die gespaltene Fläche von Natur aus um einige Grad um die Längsachse 2. Dafür ist der Drehwuchs des Astes verantwortlich. Dieses Phänomen kann man gleich für den Anstellwinkel der Flügelhälften nutzen. Der Anstellwinkel des Propellers sollte ungefähr 6 Grad betragen 3. Eine Abweichung von 3 Grad ist jedoch nicht tragisch. Bisher habe ich den Anstellwinkel nach Augenmaß geschnitzt, und es hat immer funktioniert. Ein größerer Anstellwinkel gibt dem Propeller mehr Auftrieb – bei einem kleineren Anstellwinkel dreht dafür der Propeller länger, weil er einen geringeren Luftwiderstand hat. Wichtig ist, dass beide Flügelseiten des Propellers möglichst regelmäßig geformt werden 4.

## Herstellung des Propellers

Nach dem Spalten schnitzen Sie die oberste Schicht der entstandenen Fläche weg 5, bis diese glatt und das Mark weitgehend entfernt ist 6. Das weiche, poröse Mark würde den Flügel zu sehr schwächen, und er könnte an dieser Stelle leicht spalten. Wenn nötig, das heißt wenn der natürliche Drehwuchs nicht stark genug ist, können Sie bei diesem Arbeitsschritt die beiden Anstellwinkel von der Mitte aus noch ausgeprägter schnitzen (siehe 3, 4).

Nun schnitzen Sie den Propeller auch auf der unbearbeiteten Seite flach 7. Jetzt haben Sie ein gewundenes Brettchen von circa 3 mm Stärke vor sich liegen 8, 9.
Für die Funktionalität des Propellers ist es wichtig, dass die Flügel möglichst symmetrisch gefertigt werden. Damit dies gelingt, müssen Sie die Mitte exakt ermitteln.

11

10

12

13

Dies geht mithilfe eines Grashalms in der Länge des Brettchens, den Sie in der Mitte knicken 10. Nun lässt sich die Mitte leicht mit zwei kleinen Kerben auf jeder Seite markieren.

Auf der Oberseite des Propellers schnitzen Sie das Flügelprofil. Die Hilfslinien auf den Fotos verdeutlichen das Profil in der Aufsicht 11 und der Seitenansicht 12. Die beiden Flügel sollten möglichst regelmäßig geformt sein.

## Herstellung der Spindel

Aus der zweiten Hälfte des zu Beginn gespaltenen Astes fertigen Sie nun die Spindel. Dazu schnitzen Sie zuerst die gespaltene Fläche ab, bis das Mark vollständig abgetragen ist. Danach schnitzen Sie die Spindel auch auf der anderen Seite flach. Das Resultat ist wieder ein 3 mm starkes Brettchen 13.

Dieses verjüngen Sie nun nahezu auf der gesamten Länge bis auf 3 mm und schnitzen den entstandenen Spieß rund 14. Nur am Kopf belassen Sie das Brettchen in seiner ursprünglichen Breite.

Auf der Stirnseite der Spindel sägen Sie zwei 3 mm tiefe Nuten 15. Diese schnitzen Sie mit der kleinen Klinge sorgfältig frei 16 und bearbeiten sie, bis die beiden Mitnahmestifte glatt geschnitzt sind 17.

Um die Position der Mitnahmestifte genau auf den Propeller zu übertragen, halten Sie diese mittig auf die Unterseite des Propellers und übertragen die Maße mit der Ahle oder einem Stift 17. Mit der Ahle bohren Sie anschließend vorsichtig die beiden kleinen Löcher auf der Längsachse des Propellers 18.

14

15

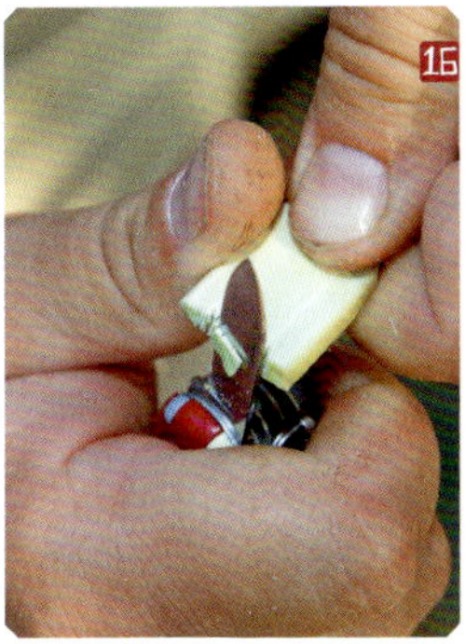
16

17

18

Bohren Sie langsam und von beiden Seiten her, damit das dünne Holz nicht spaltet. Der Durchmesser der Löcher sollte circa 2 mm betragen. Mit der Spitze der kleinen Klinge säubern Sie die Löcher und facettieren sie leicht 19. Ziel ist es schlussendlich, dass der Propeller auf die Mitnahmestifte gesteckt werden kann und darauf leicht festklemmt. Jetzt ist der Propeller fertig.

Um den Propeller fliegen zu lassen, halten Sie die Spindel gerade zwischen den Handflächen 20. Wenn Sie nun die Handflächen in der richtigen Richtung aneinander vorbeireiben, bringen Sie den Propeller in Rotation. Der Propeller bekommt Auftrieb, löst sich von den Führungsdornen und schraubt sich in die Höhe 21.

SCHILF
FLÖTE

Eine Schilfflöte sah ich zum ersten Mal im Atelier eines befreundeten Klangkünstlers. Dieser spielte derart schön auf dieser kleinen Flöte, dass ich Gänsehaut bekam. Es ist unglaublich, welche Töne und Melodien man einem einfachen Schilfrohr entlocken kann – wenn es vorher richtig zurechtgeschnitten wurde. Die Schilfflöte ist eines meiner Lieblingsprojekte.

Für die Herstellung einer Schilfflöte eignet sich ein abgestorbener und trockener Schilfhalm. Ich verwende Schilfrohre mit einem Durchmesser von ab 7 mm. Wählen Sie ein unverletztes Rohrsegment zwischen zwei Knoten aus und entfernen Sie die abschälbare Außenhaut 1. Das Stück, das schließlich benötigt wird, ist auf einer Seite offen und auf der anderen durch einen Segmentknoten luftdicht abgeschlossen (siehe 3).

Da trockenes Schilf zu spröde ist, um es mit der Taschenmessersäge abzulängen, schneiden Sie mit der Feinschnitttechnik kleine Einkerbungen rund um das Rohr. So entsteht eine Art Sollbruchstelle, an der das Schilfrohr durchgebrochen werden kann 2.
Die ausgefransten Bruchstellen schneiden Sie vorsichtig flach.

Der Blick in ein aufgespaltenes Schilfrohr zeigt, dass die Innenwand mit dünnen Häutchen überzogen ist, die bei der Tonentwicklung hinderlich sind 4. Darum kratzen Sie die Häutchen aus dem Schilfrohr heraus.

Dazu spalten Sie lange Spieße von einem Schilfrohr ab oder verwenden Sie ein dünnes, flexibles Ästlein. Diese Spieße sollten länger sein als die Flöte, damit die Innenwandung bis zum Knotenboden gereinigt werden kann.

Stecken Sie nun vorsichtig den Spieß oder das Ästlein in das Schilfrohr und drehen ihn, bis kein ausgekratztes Material mehr aus der Öffnung kommt 5.

Die Tonerzeugung bei der Schilfflöte basiert auf demselben Prinzip wie bei Klarinette oder Saxophon. Eine Zunge schwingt beim Blasen hin und her und verschließt und öffnet dabei den Lufteinlass. Die Luftsäule wird so zum Schwingen gebracht.

Die Zunge in das Schilfrohr zu schneiden, erfordert höchste Sorgfalt. Setzen Sie 3–4 cm unter dem Segmentknoten mit der kleinen Klinge zu einem Schrägschnitt an 6. Dabei bewegen Sie mit dosierter Kraft die Schneide hin und her, bis ein Anschnitt erfolgt. Sehr vorsichtig schneiden Sie so weiter, bis Sie etwa ein Drittel des Durchmessers eingeschnitten haben.

Setzen Sie nun die Messerspitze exakt an einem Endpunkt des Schrägschnittes an und wippen die Schneide vorsichtig ins Material. Nehmen Sie sich genügend Zeit für diesen Arbeitsschritt.

Wenn die Klingenspitze ins Material eingetaucht ist, ziehen Sie den Schnitt bis einige Millimeter vor den Segmentknoten weiter.

Auf der gegenüberliegenden Seite des Schrägschnittes wiederholen Sie diesen Schritt 7. Es ist wichtig, dass dabei kein Span ausbricht, da sonst die Klappe nicht mehr dicht schließt.

Die ausgeschnittene Zunge können Sie nun vorsichtig mit der Klinge anheben und einen Holzspan dazwischenklemmen 8.

Damit die ausgeschnittene Zunge beim Anblasen in Schwingung kommen kann, muss die Zunge im Ruhezustand leicht abstehen. Dies erreichen Sie, indem Sie die Oberfläche der Zunge durch vorsichtiges Schaben schwächen 9. Das Schaben erfolgt ab dem Segmentknoten bis 1 cm vor dem Zungenende.

Nun entfernen Sie den Klemmspan. Wenn die Zunge auch ohne dessen Hilfe etwas absteht 10, probieren Sie, ob Sie schon einen Ton erzeugen können. Dazu nehmen Sie die Flöte so weit in den Mund, dass die ausgeschnittene Zunge vollständig hinter den Lippen verschwindet. Schließen Sie nun den Mund und blasen Sie verschieden stark ins Rohr. Falls noch kein Ton erklingt, reinigen Sie den Innenraum des Rohres nochmals gründlich mit dem Spieß. Wenn das nicht reicht, schieben Sie den Klemmspan erneut unter die Zunge und schwächen die Zunge weiter. Diesen Vorgang wiederholen Sie, bis sich ein Ton erzeugen lässt.

Falls die Zunge zu schwach ist und beim Anblasen gleich schließt, ohne dass sie sich durch die Federkraft wieder öffnet, kann sie vorsichtig etwas angehoben und mit einem Feuerzeug ganz kurz erwärmt werden 11. Dadurch biegt sich die Zunge etwas nach außen. Aber Vorsicht: Wenn sich die Zunge zu stark biegt, ist die Flöte ebenfalls unbrauchbar, und es muss neu begonnen werden.

Als Nächstes kommen die Grifflöcher an die Reihe. Die Löcher so zu platzieren, dass eine abgestimmte Tonleiter entsteht, ist sehr schwierig. Die Abstände und Größe der Löcher könnte man theoretisch berechnen, doch das würde den Rahmen dieser Anleitung sprengen. Mir genügt es, wenn ich auf der Flöte eine Melodie mit verschiedenen Tönen spielen kann.

Das Bohren der Löcher mit der Ahle würde die Flöte spalten. Mit einem glühenden Nagel oder einem glühenden Draht können die Löcher jedoch einfach und sauber eingebrannt werden. Wenn keine Wärmequelle und kein Draht zur Verfügung steht, können die Löcher mit der Klinge geschnitten werden.

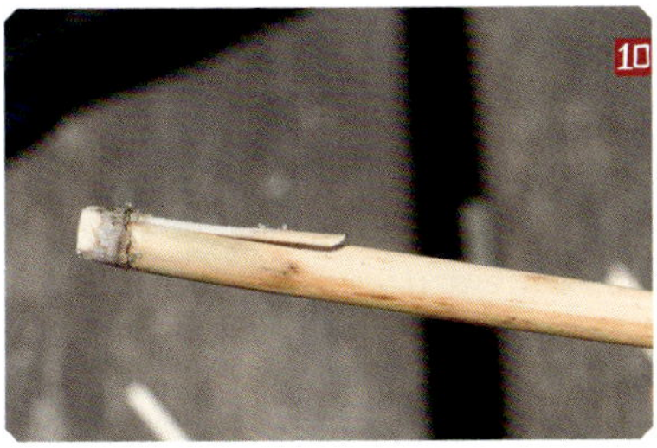

Setzen Sie dazu das Messer an der gewünschten Stelle an und arbeiten sich mit mehreren kurzen Schnitten Zehntelmillimeter um Zehntelmillimeter tiefer vor. Nach 3–4 Schnitten wenden Sie die Flöte und lösen die Späne von der anderen Seite 12.

Mit der Feinschnitttechnik arbeitet man sich Schicht für Schicht vor. Diesen Vorgang wiederholen Sie, bis die Wandung durchbrochen ist.

Mit der Klingenspitze durchstechen Sie das oft noch vorhandene Häutchen und bringen das Loch vorsichtig in Form 13. Diesen Vorgang wiederholen Sie für jedes gewünschte Loch.

Mit einem Feuerzeug können die entstandenen feinen Späne vorsichtig abgebrannt werden 14.

Die Anzahl der Löcher ist frei wählbar und auch abhängig von der Länge der Flöte. Ich schnitze meistens 4–5 Löcher. Das unterste Loch sollte man 3–4 cm vom Rohrende entfernt ansetzen. Danach wähle ich jeweils einen Abstand von etwa 2 cm zwischen den Löchern. Zwischen der Zunge und dem obersten Loch lässt man mindestens 5 cm Abstand, damit genügend Platz vorhanden ist, um mit den Fingern alle Löcher zu greifen. Das Endprodukt könnte etwa so aussehen 15.

15

Mit etwas Übung und Fantasie lassen sich auf der Schilfflöte Melodien erfinden und nachspielen – wer erkennt sie?

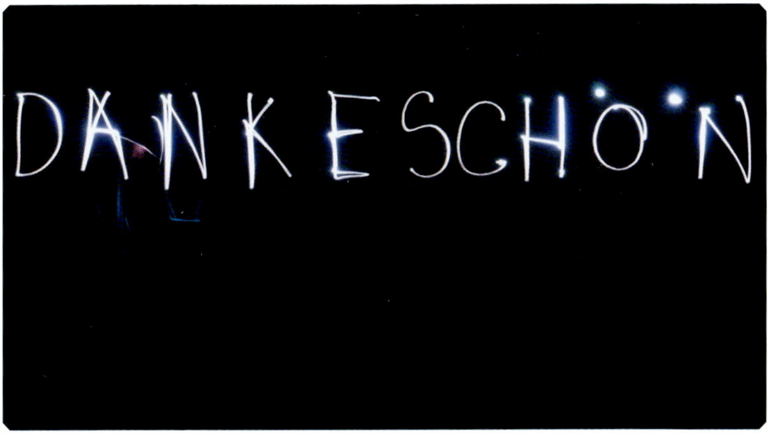


An der Entstehung dieses Buches waren viele Personen und Institutionen mit großem Engagement und Wohlwollen beteiligt. Mein Dank richtet sich an alle, die zum Gelingen dieses Buches beigetragen haben.

**Der größte Dank** gebührt meiner Frau Silvia und meinem Sohn Janis, die es aushalten mussten, dass ich phasenweise Tag und Nacht vor dem PC saß oder in anderer Form für das Buch arbeitete. Sogar im Urlaub war ich ständig damit beschäftigt, meine Projekte zu schnitzen und zu testen. Silvia hielt mir stets den Rücken frei, damit ich arbeiten konnte, und unterstützte mich, wo es nur ging. Meine Frau ist der »VictorinoxSwissChamp« unter den Ehefrauen!

**Carl Elsener, Veronika Elsener, Urs Wyss, Cornelia Hobbhahn und Monika Medukic von Victorinox,** die mir großes Vertrauen entgegenbrachten und mit ihrer herzlichen und motivierenden Art zu einem angenehmen Arbeitsklima beitrugen. Victorinox finanzierte das Manuskript bis zur fertigen PDF-Datei. Danke!

**Claudia Neuenschwander** vom Atelier für Typografie + Gestaltung für die tollen Ideen und die grafische Umsetzung ins Taschenbuchformat. (typoatelier.jimdo.com)

**Urs Hunziker und dem Team des AT Verlags** für die angenehme Zusammenarbeit und das mir entgegengebrachte Vertrauen. Mein Dank richtet sich auch an **Monika Schmidhofer** für das Lektorat.

**Sebastian Schweizer und Petra Meyer,** Mitinitianten der ersten Stunde, für die tolle und lustige Zeit, die wir während unserer vielen tagelangen Fotosessions zusammen verbringen durften. Ohne euch und euren VW-Bus hätte ich dieses Projekt niemals in dieser Form realisieren können.

**Adrian und Bettina Immler** für die schönen Halsketten- und Zwergenfotos. Sogar nach dem Sturz in den Bach haben wir die Session unbeirrt durchgezogen!

**Christoph »Chrigu« Bürgi** für die Beratung bei der Auswahl der Projekte.

**Wendelin Reinhardt** für die textliche und strukturelle Unterstützung im Comic und im theoretischen Teil. (Danke Dimitri, dass du in dieser Zeit regelmäßig deinen Papatag mit mir geteilt hast!)

**Mathias Suhner** für seinen großartigen »Feuerwehreinsatz« bei der Überarbeitung des Projektteils.

**(Foto-)Graf Daniel Ammann** für die tolle Zeit auf der Baustelle mit den mittäglichen Fotoshootings auf seinen Ländereien. (www.ammannundsiebrecht.com)

**Jonathan Nemet** für den fantastischen Comic und die tolle Zusammenarbeit. (www.jonathanzeich.net)

**Abdy Shamloo** für die 3D-Grafiken, die Unterstützung beim Erstellen der Internetkanäle und die lustigen Stunden in seiner 1-Zimmer-Baustelle. (www.as-art.ch)

**Remo Gugolz, Marcos Juanes und Marius Sammet,** meine Projektpartner vom Erlebnisgarten Buchhorn (www.buchhorn.ch) – meine wichtigsten Ratgeber und Mitdenker in Sachen Technik, Projekte und Taschenmesserprüfung.

**Konstantin Papageorgiou,** Troubleshooter, Grafiker, PC-Supporter und Fotomodelllieferant in einer Person – so einen Freund braucht jeder Mensch.

**Yvonne und Paulo, Leoni, Joelle, Lilli, Elena, Janis, Timo, Enea, Michele, Regina, Piranavan und den Kindern der beiden Schulklassen,** die wir während der Taschenmesserprüfungen fotografieren durften.

**meiner Familie** für ihre motivierenden Feedbacks und ihre Unterstützung.

**Sepp vom YouTube-Kanal** »Waldhandwerk« für die vielen Inspirationen und sein Feedback zum Manuskript.

**Irene Steiner und Jonas Meier** von der Pfadibewegung Schweiz für ihre wertvollen Feedbacks.

**Marius Tschirky** für den Taschenmessersong und das ganze »Drumherum« und für seine iWeb-Lehrstunde.

**Roberta Hochreutener** für die Gestaltung der Arbeitsblätter.

**meinem Team im Kinder- und Jugendheim Riederenholz,** das mir für meine Projekte immer wieder Freiräume schuf, wenn's mal zeitlich eng wurde.